Animales
Bebés
Libro de colorear

Coloring Pages for Kids

Coloring Pages for Kids
An imprint of Ciparum LLC

Animales Bebés Libro de colorear
© 2017 Ciparum LLC
All rights reserved.
ISBN-10:1-63589-321-6
ISBN-13:978-1-63589-321-2

Coloring Pages for Kids

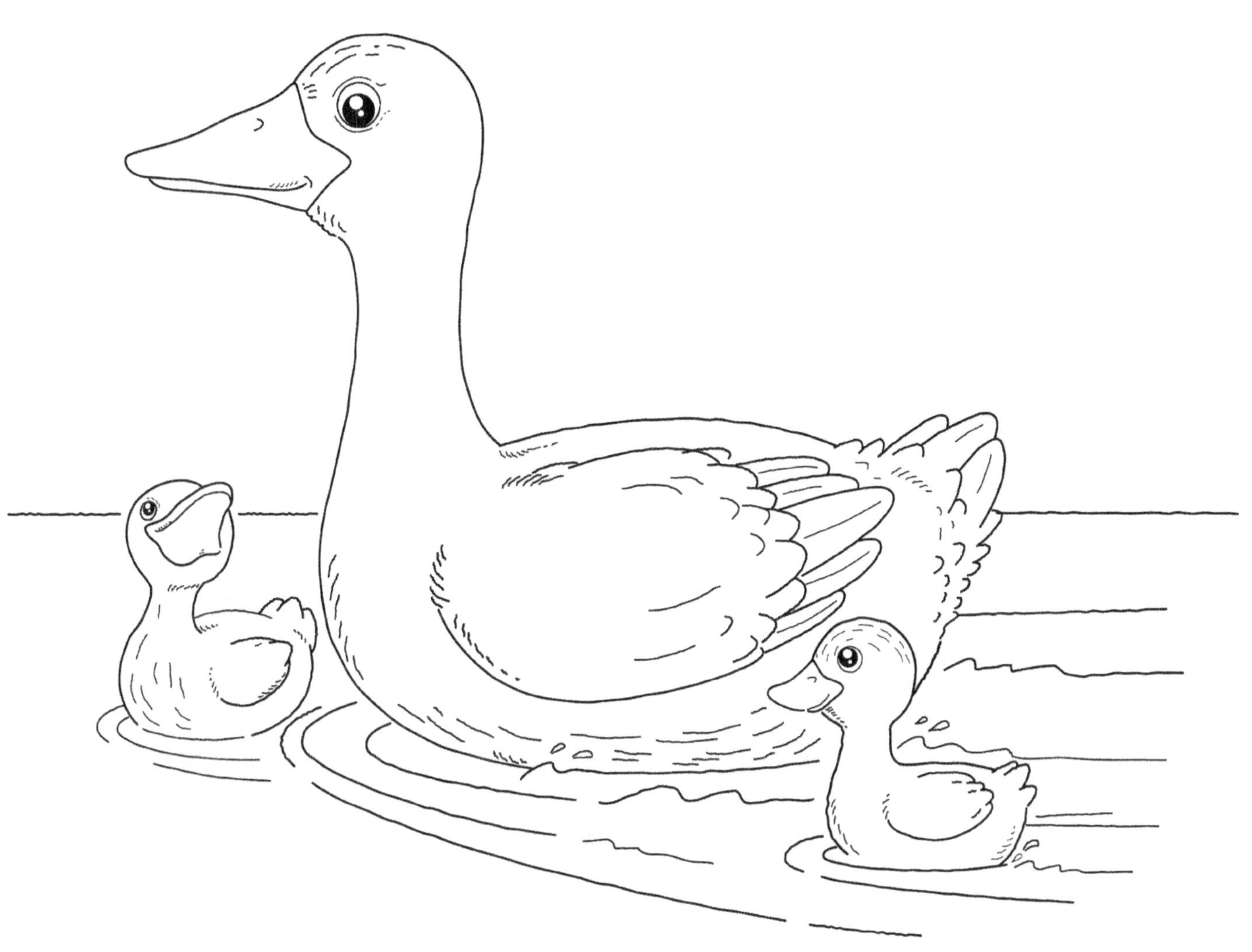

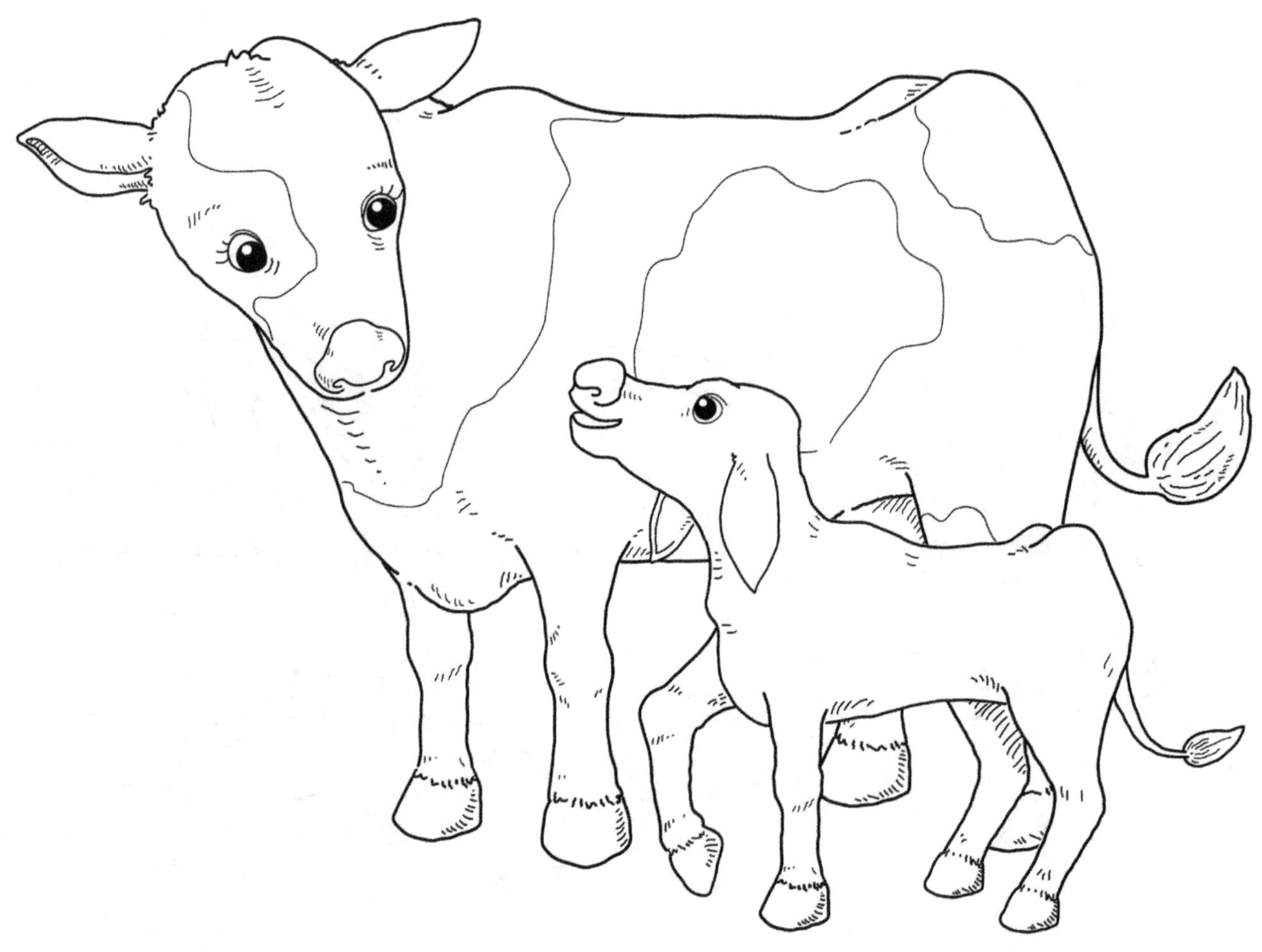

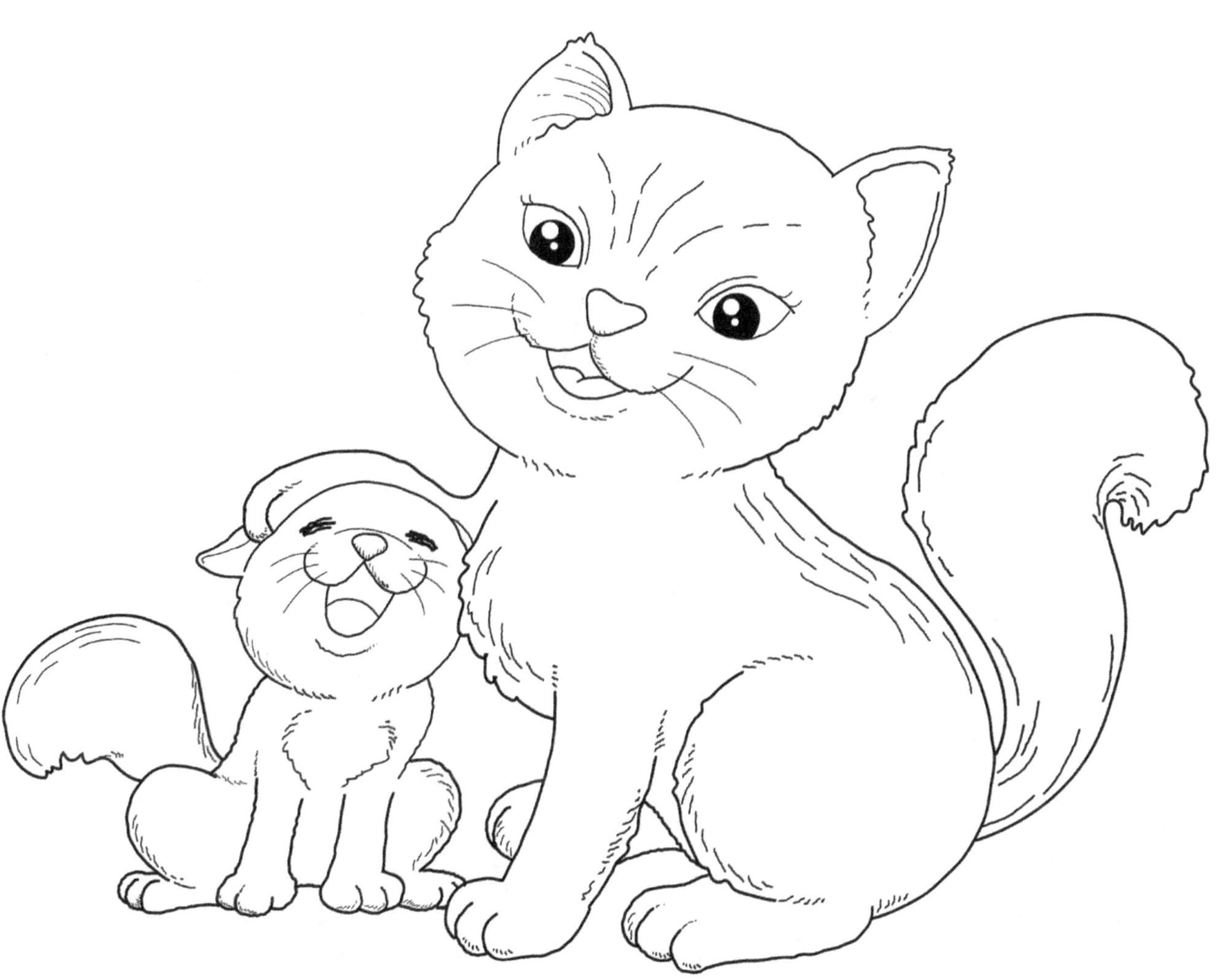

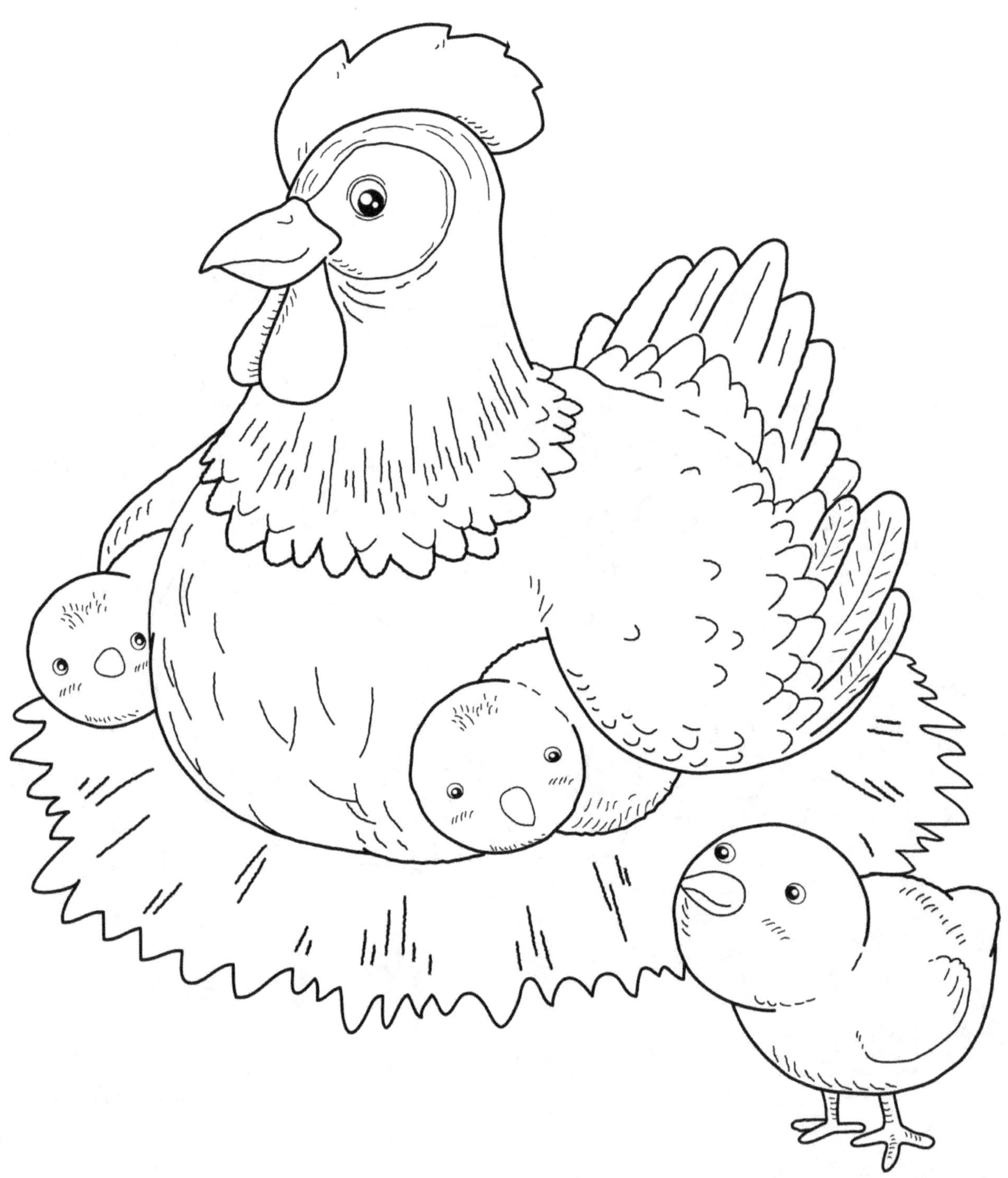

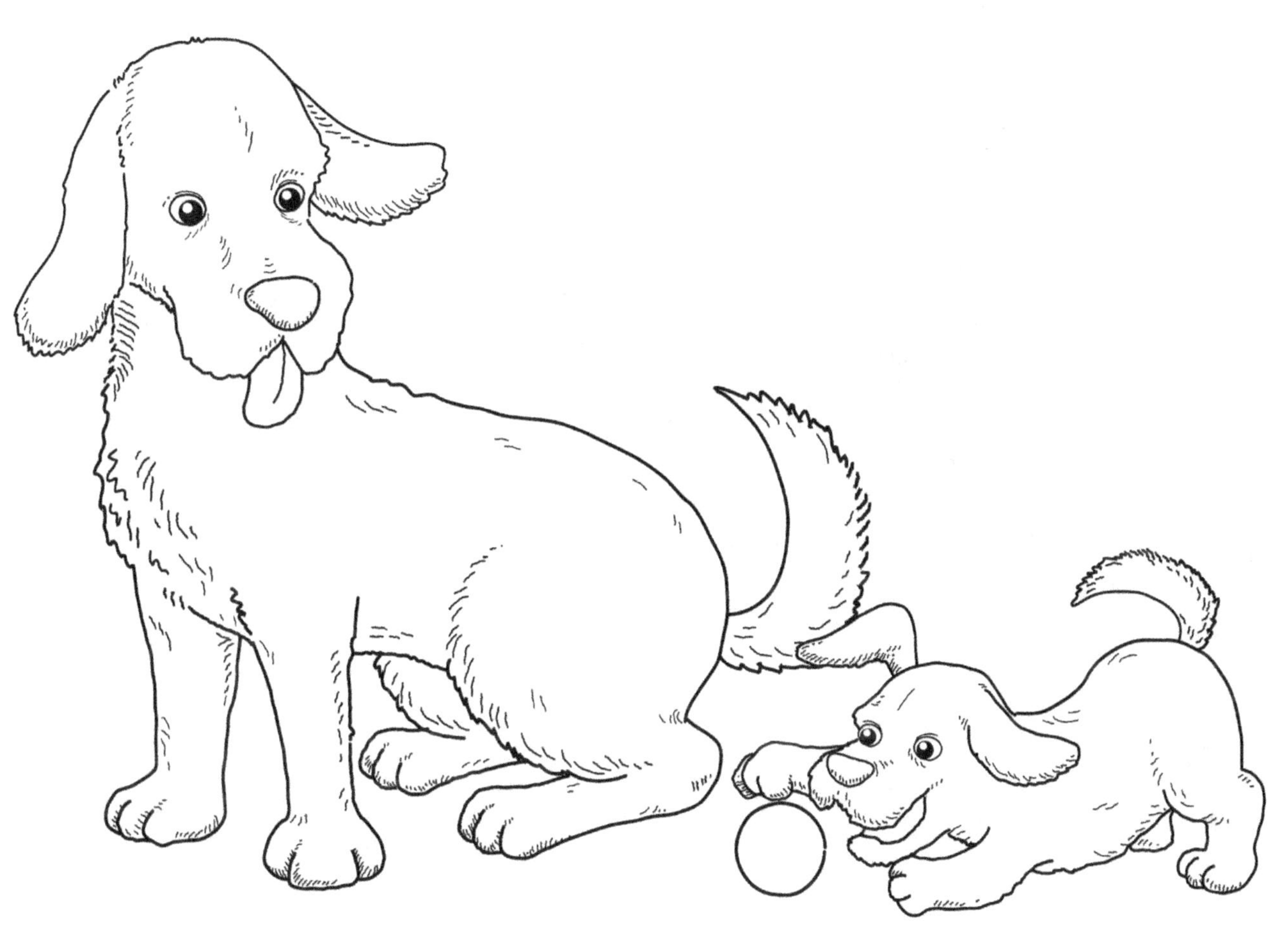

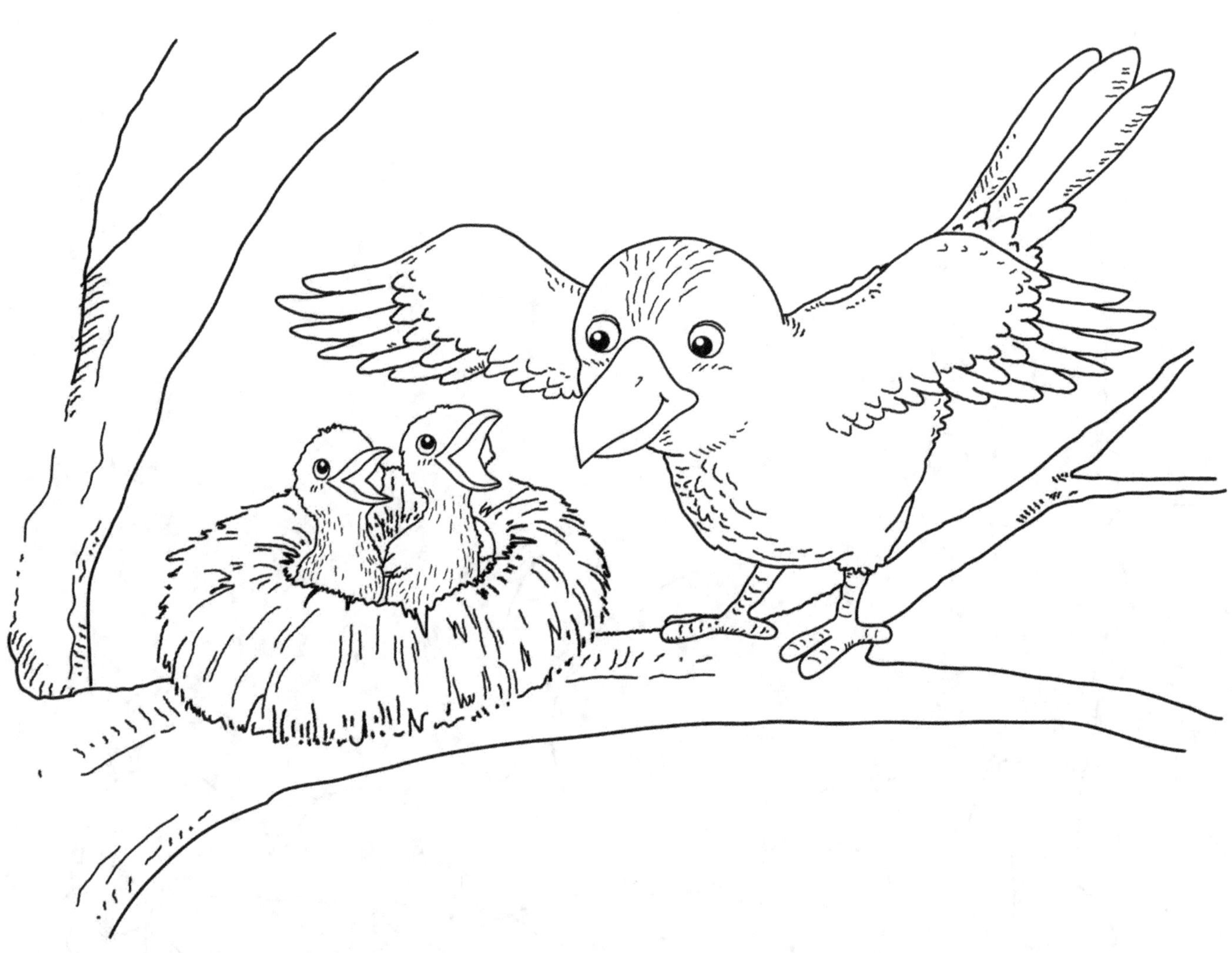

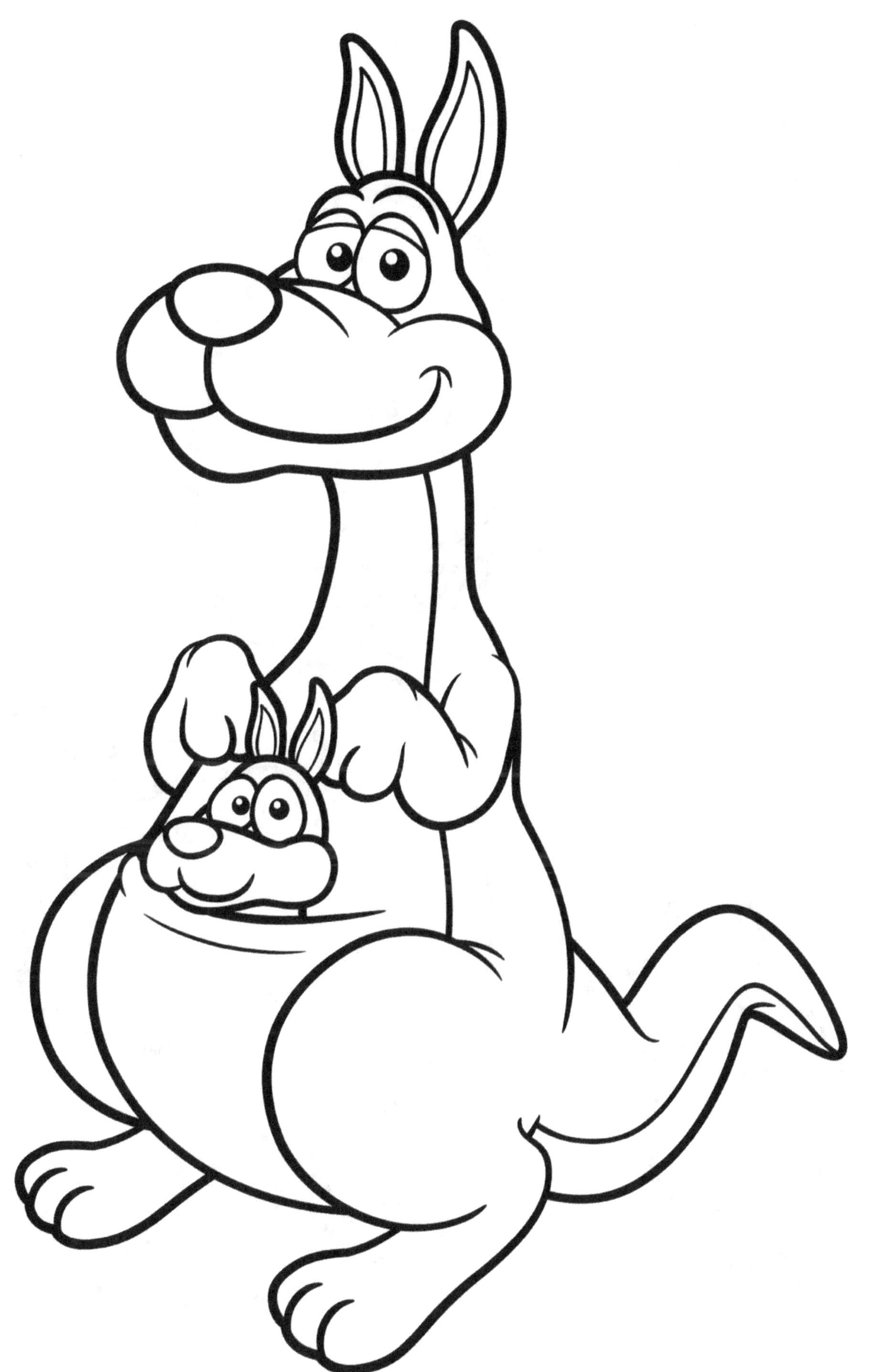

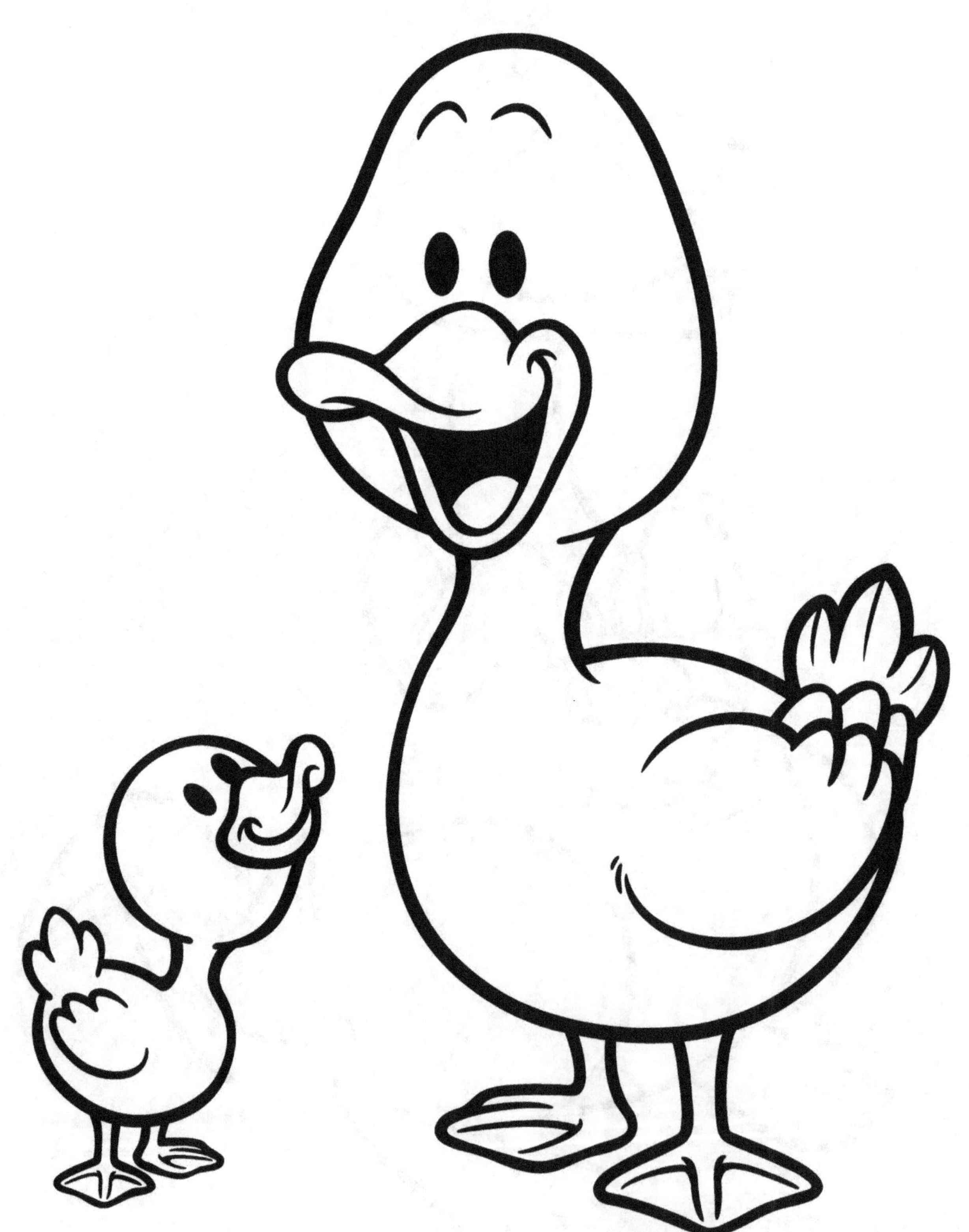

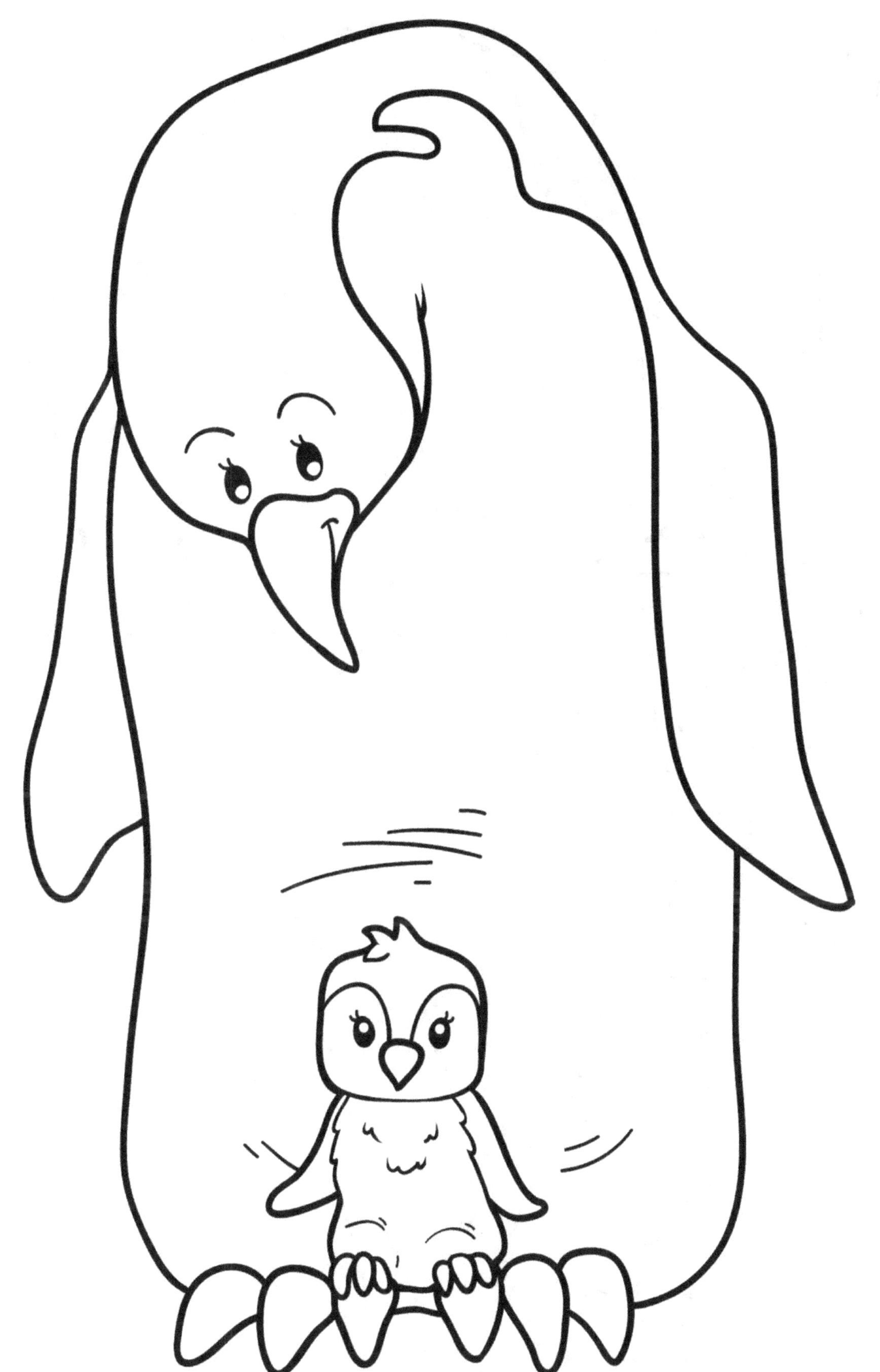

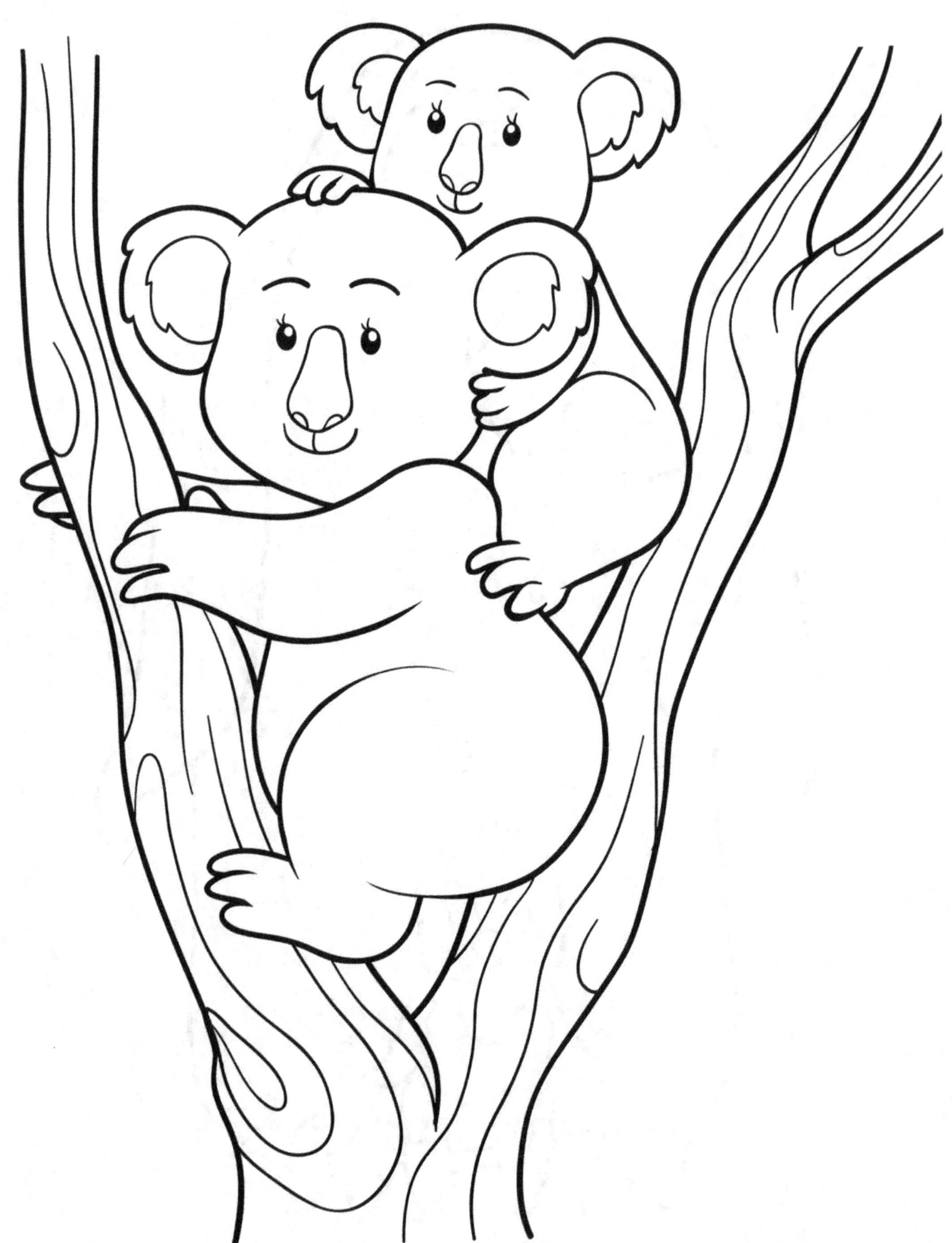

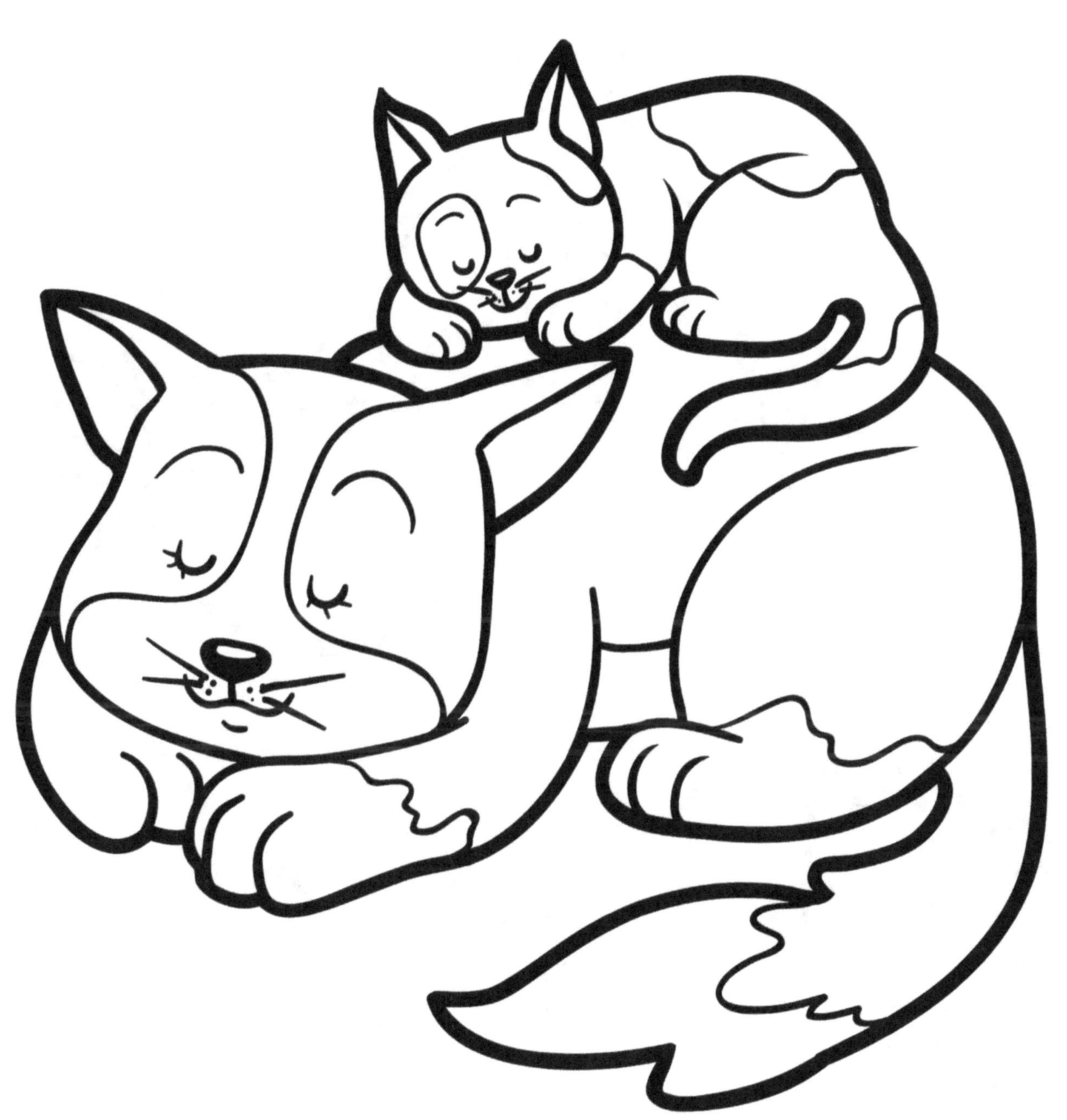

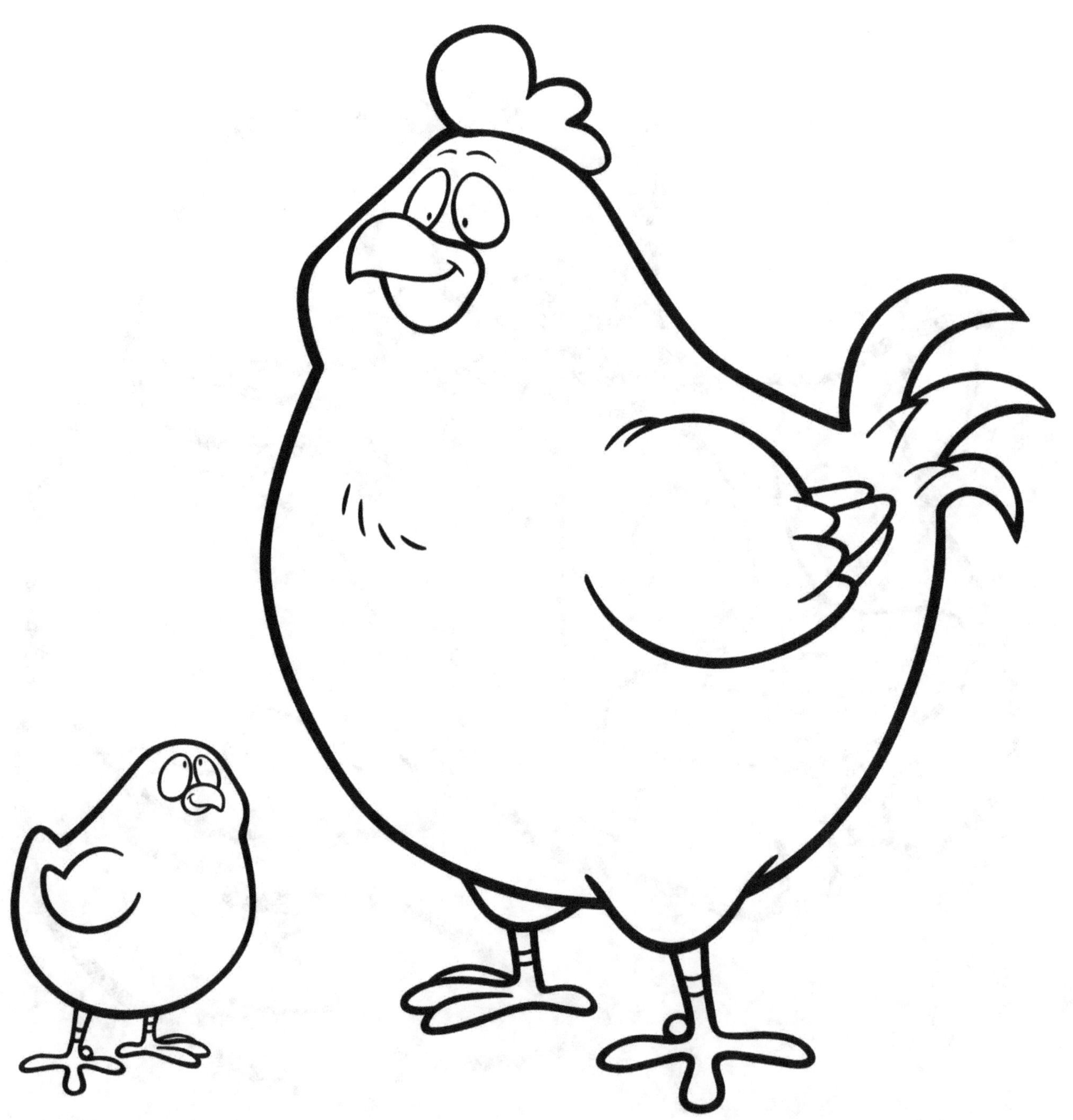

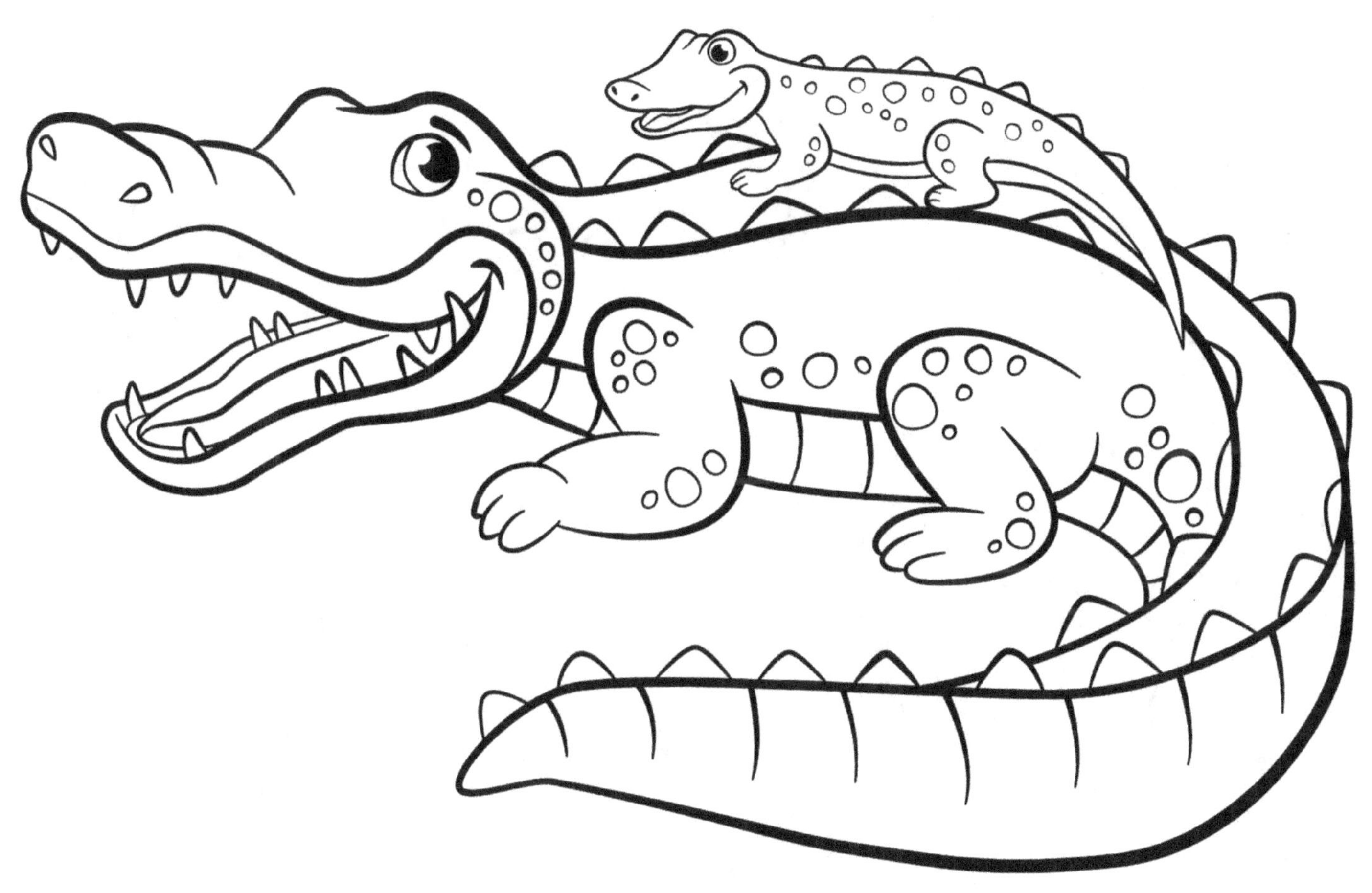

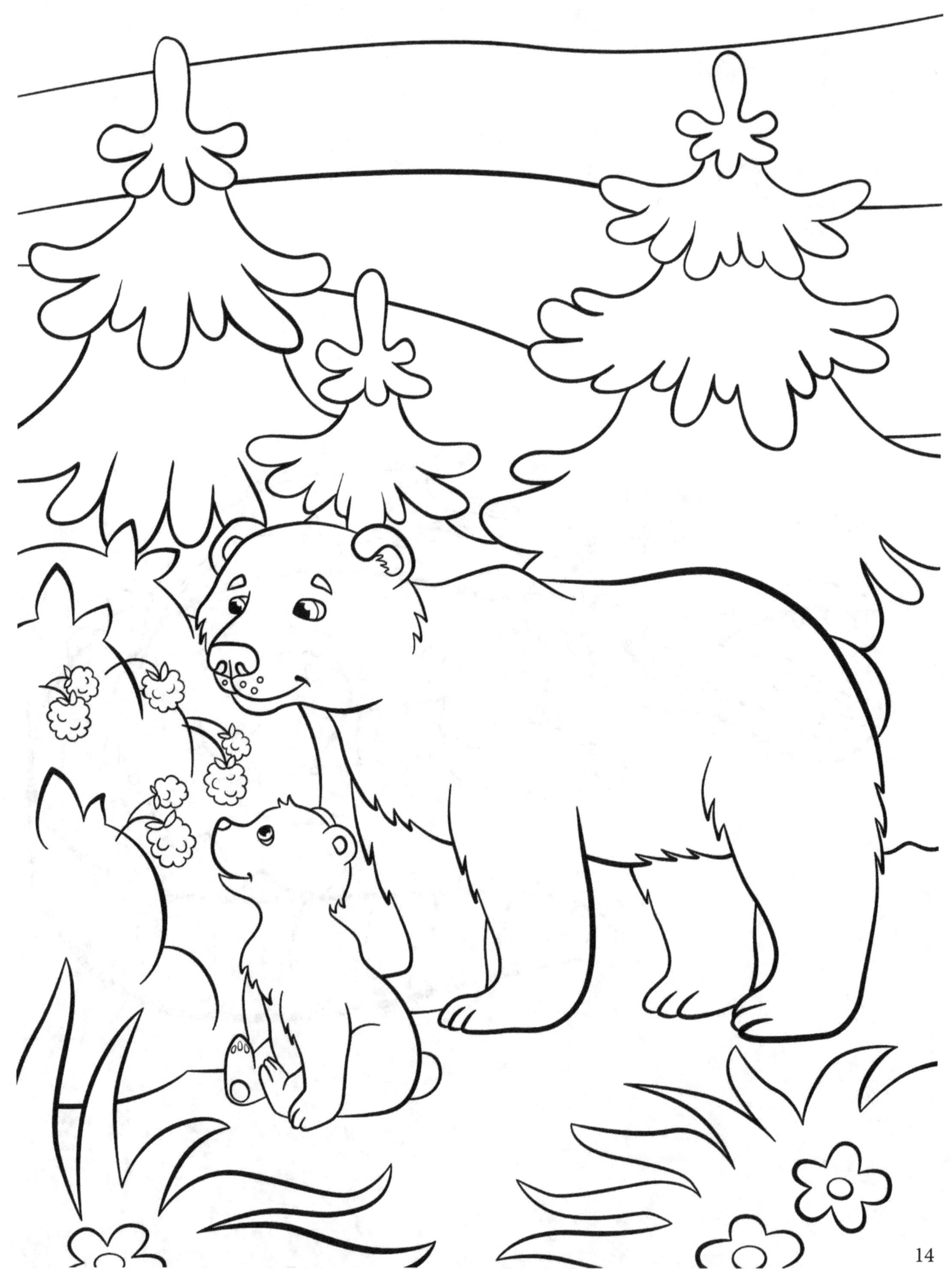

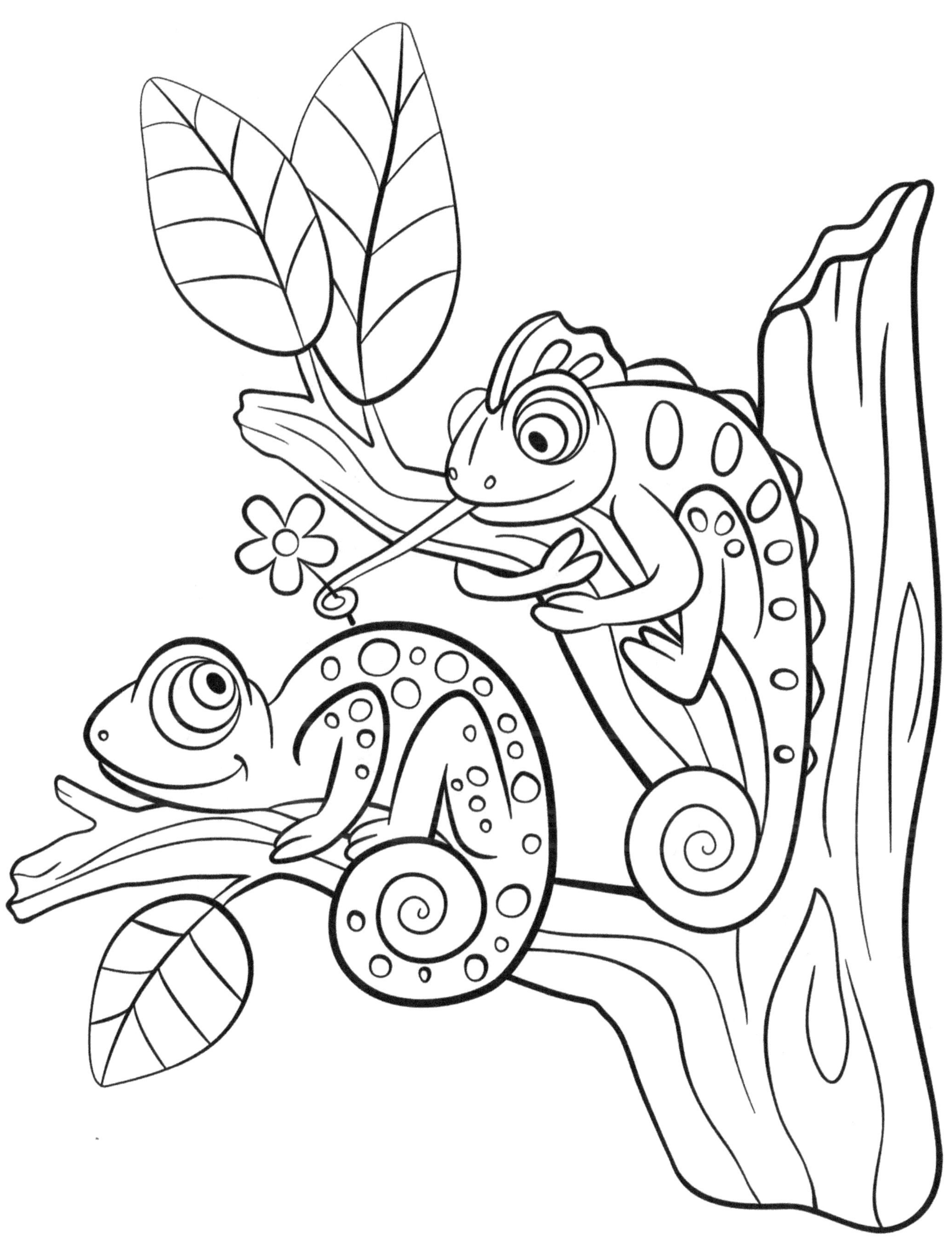

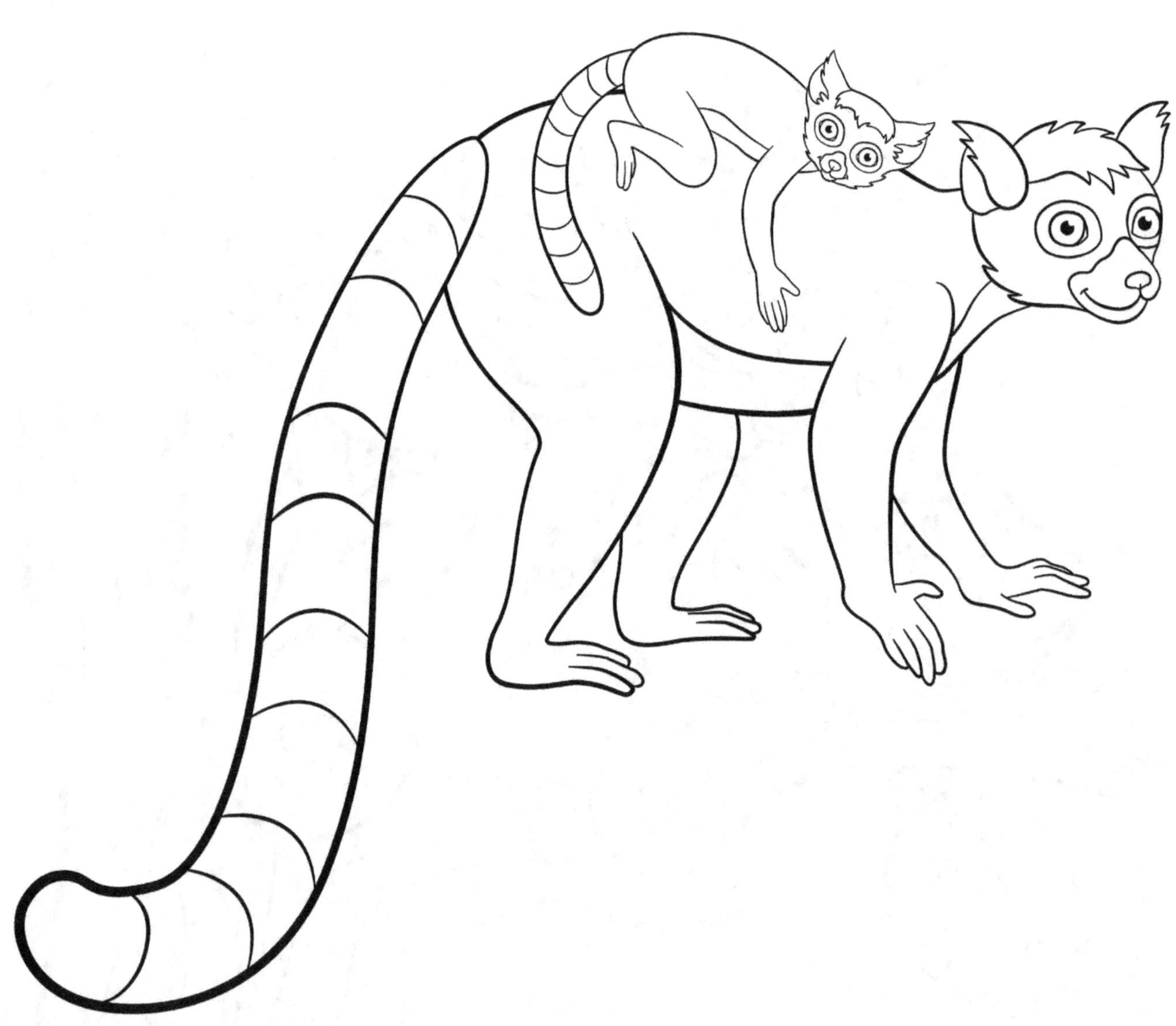

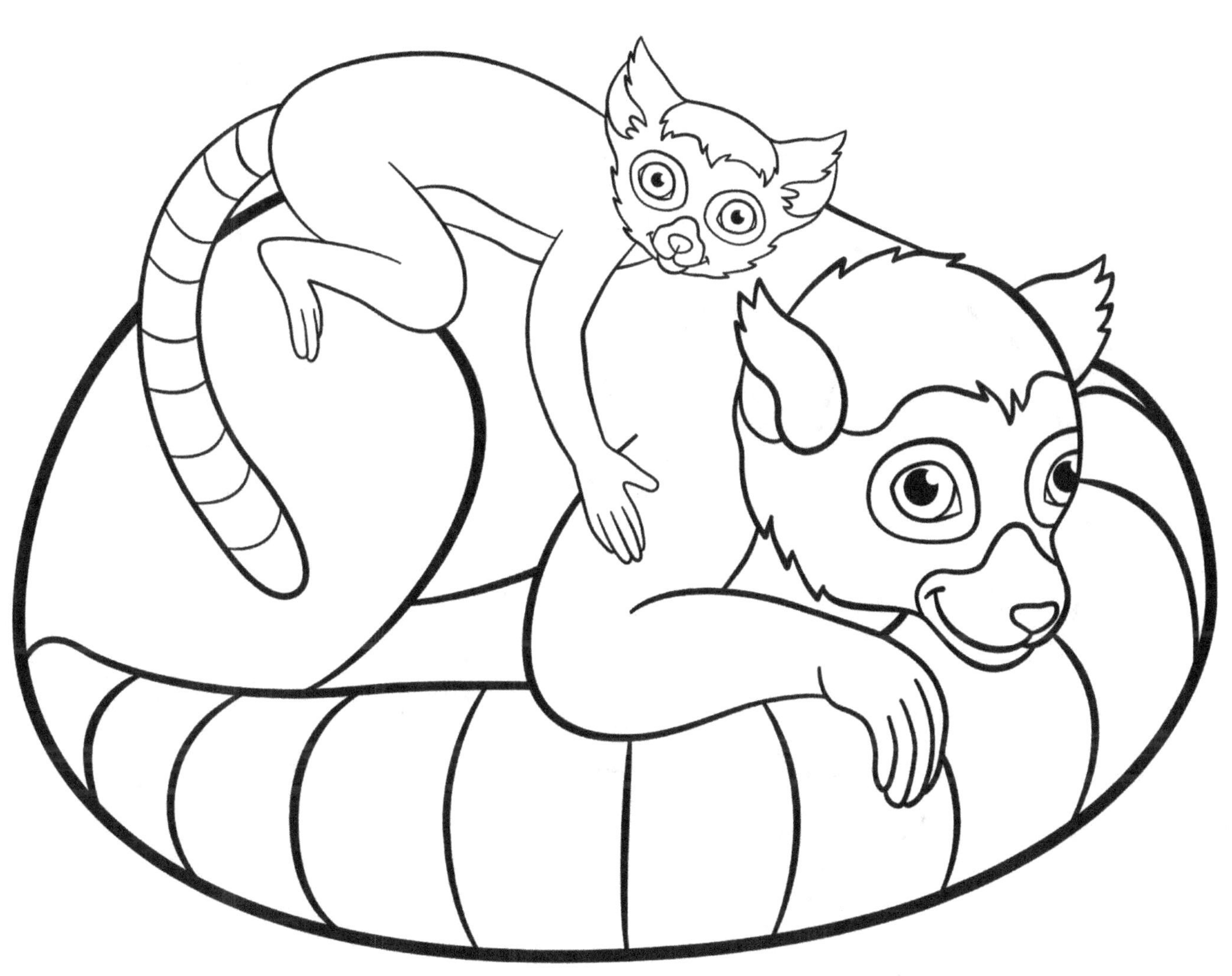

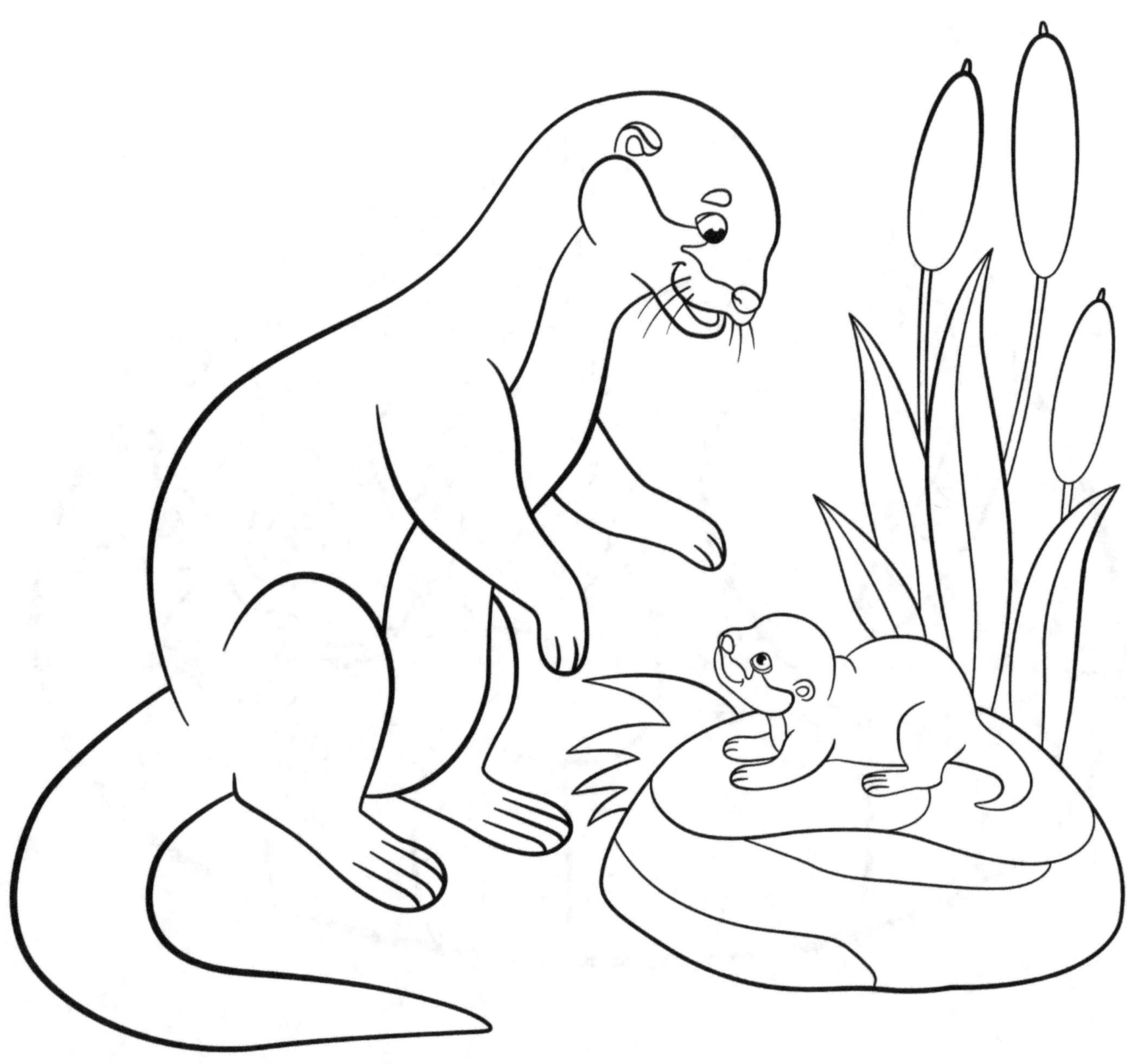

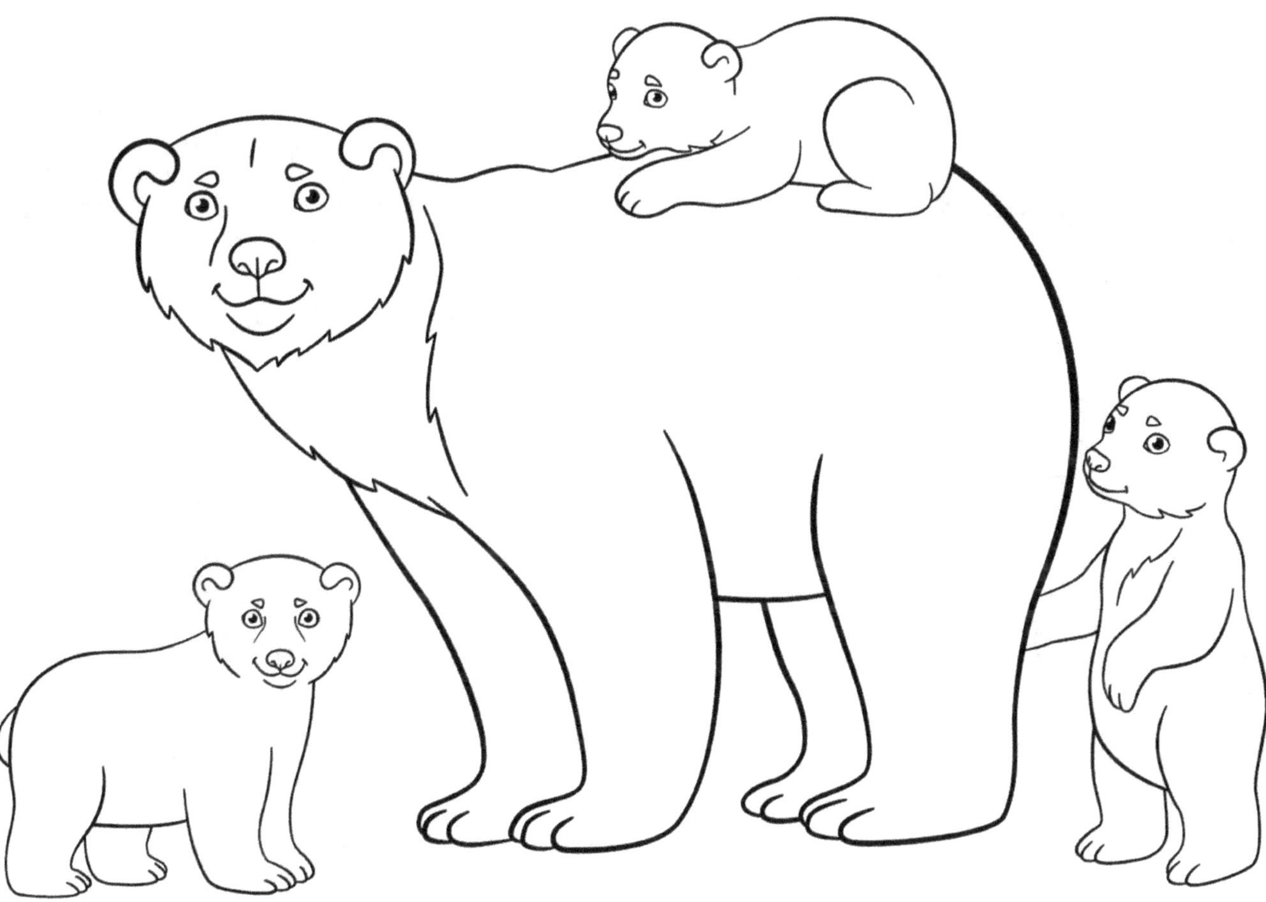

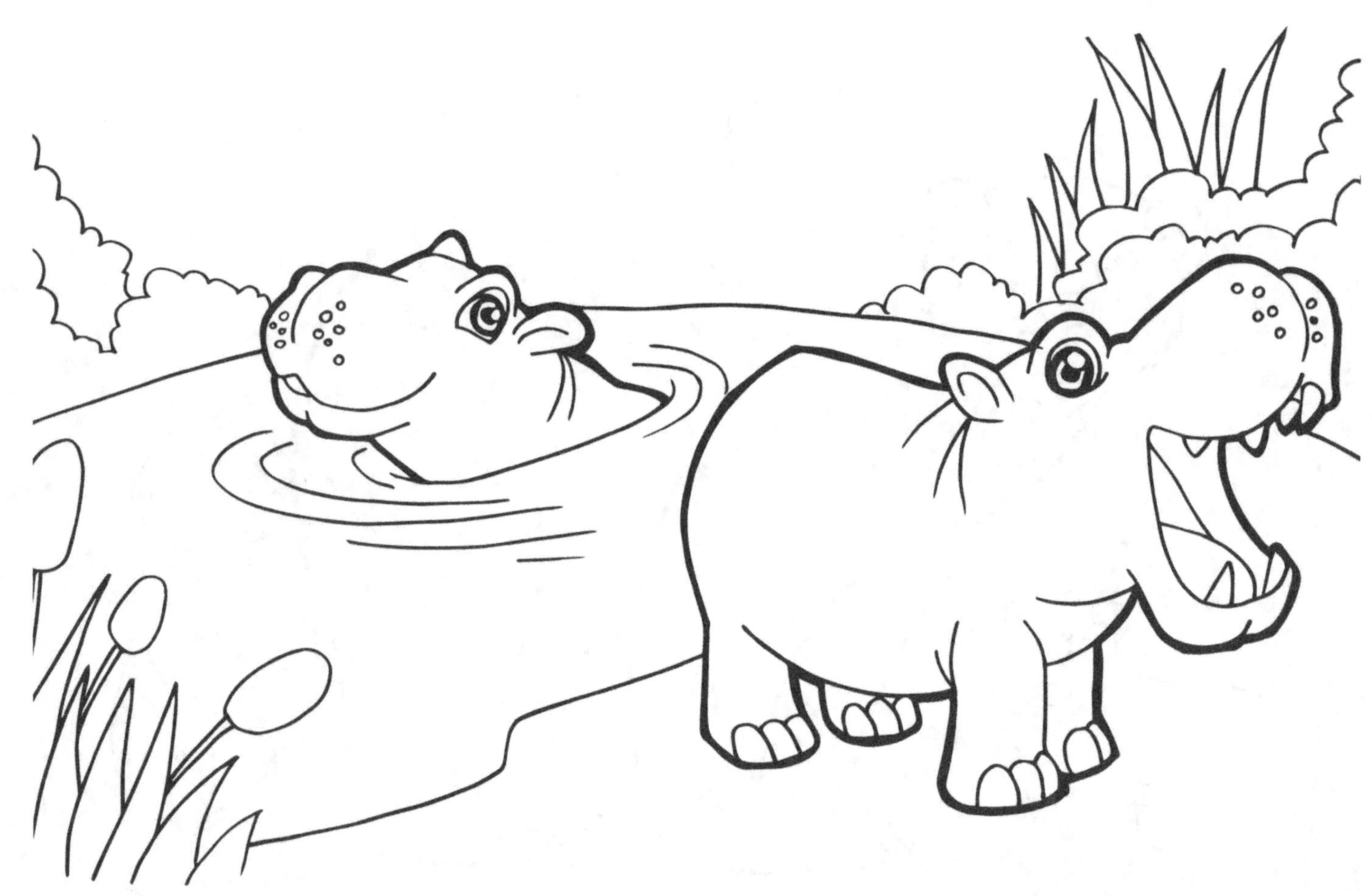

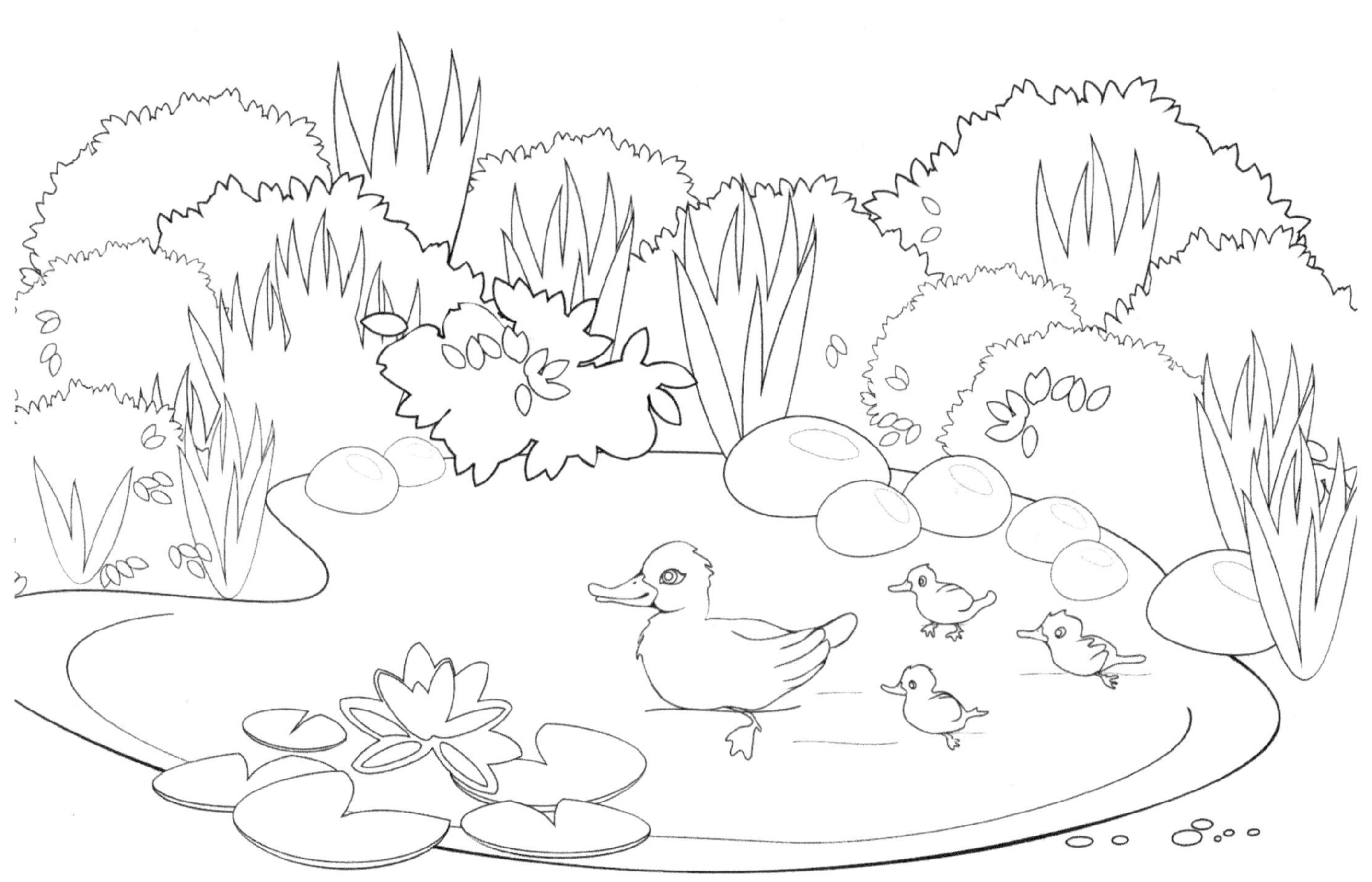

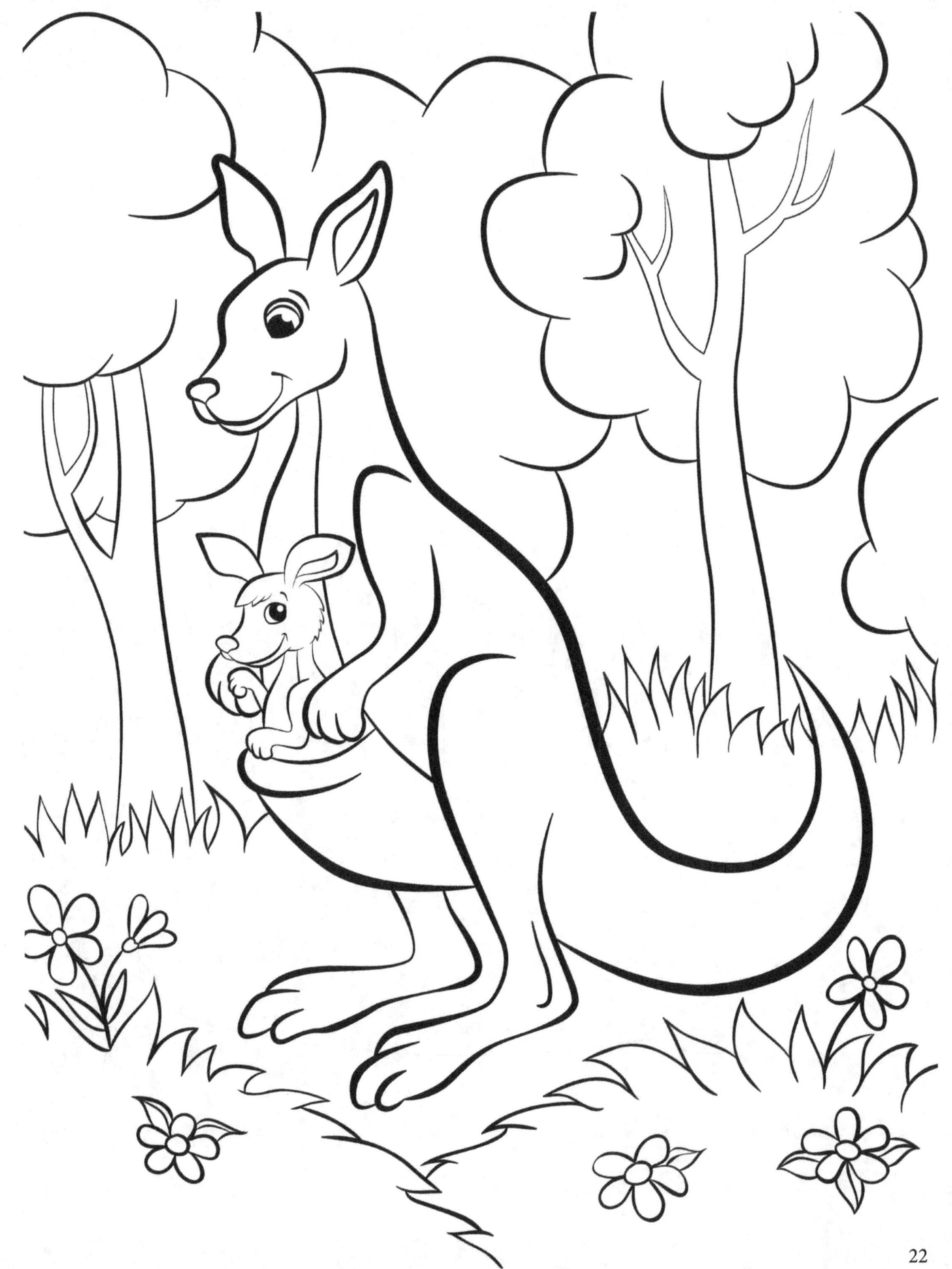

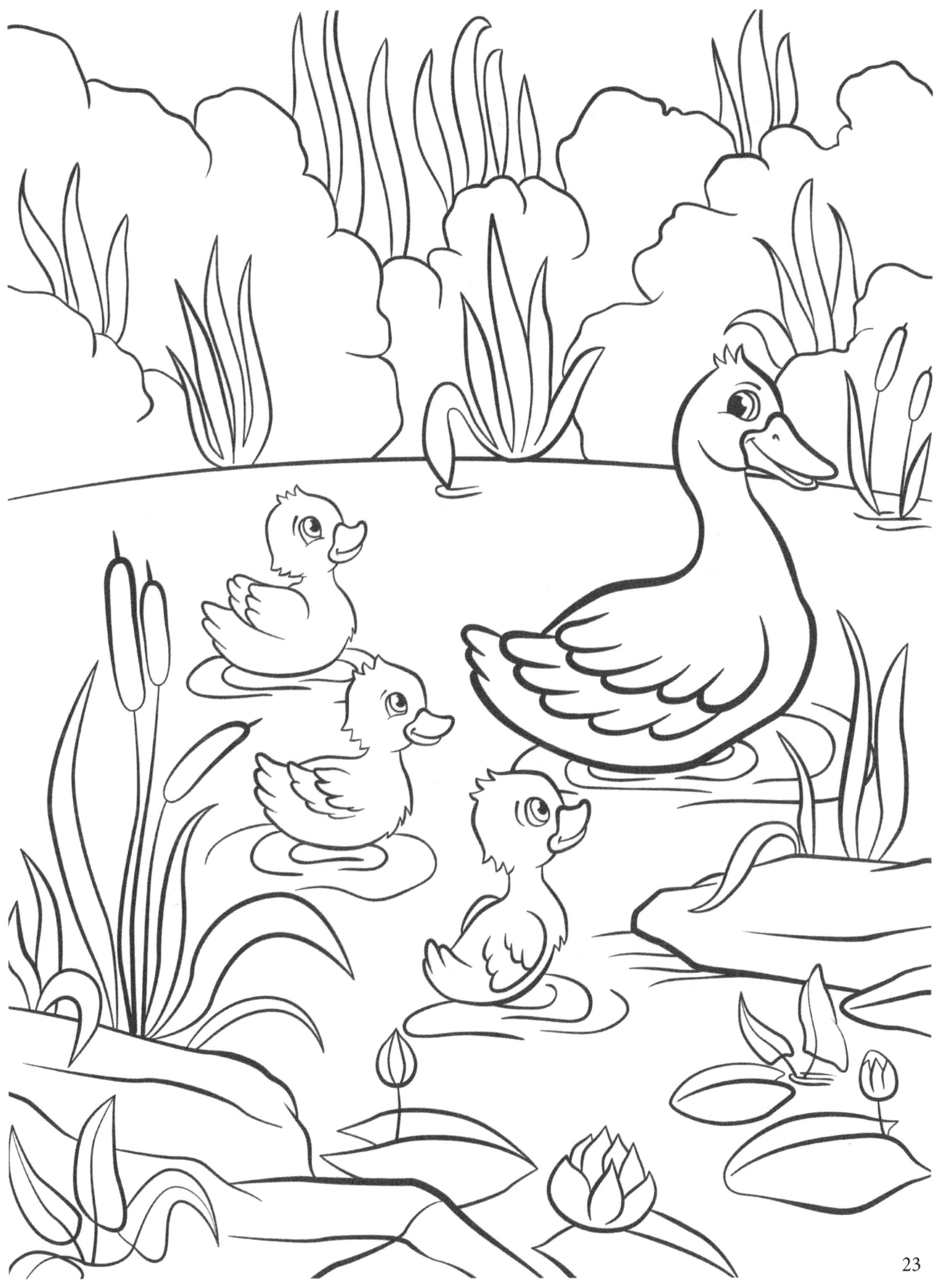

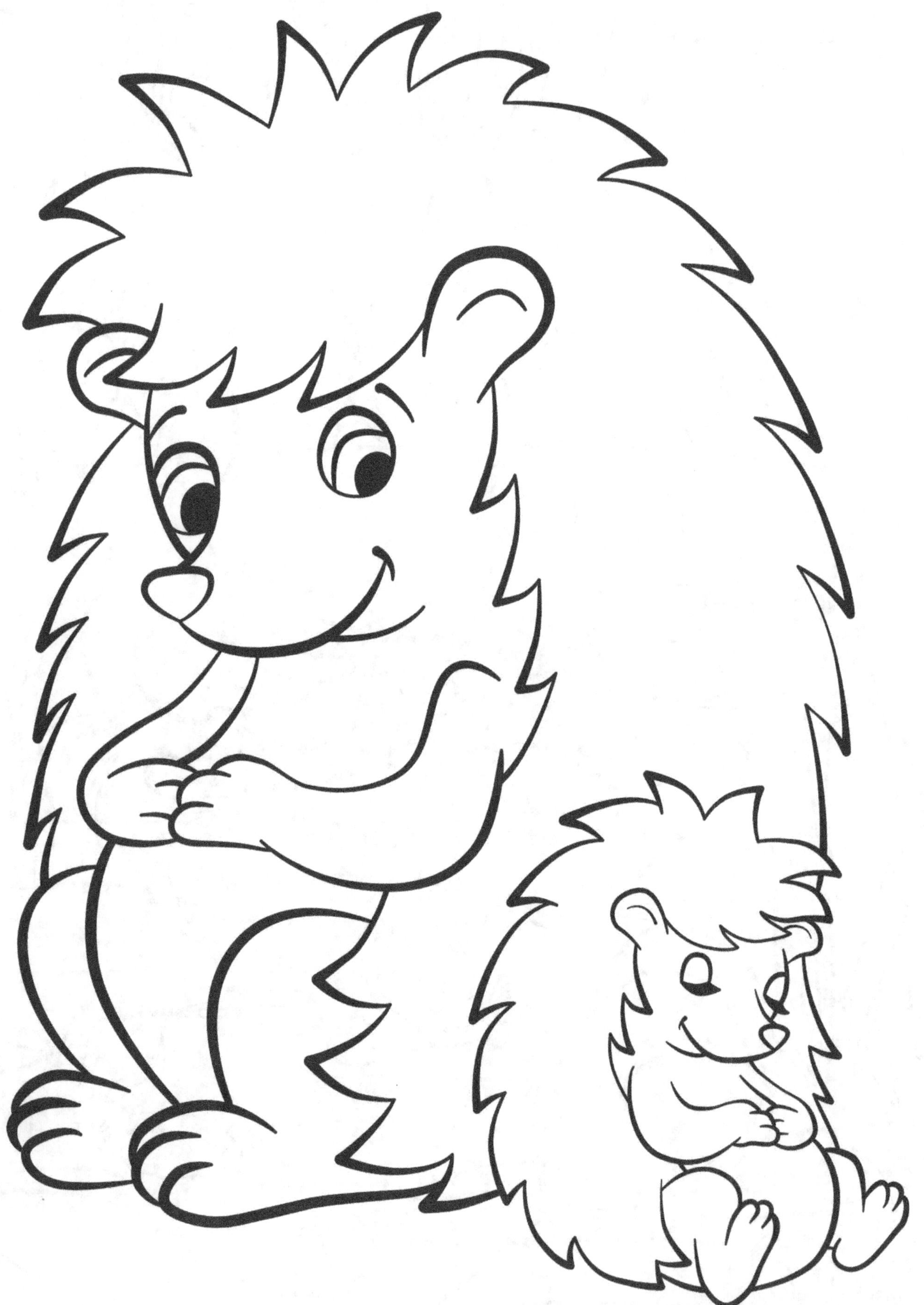

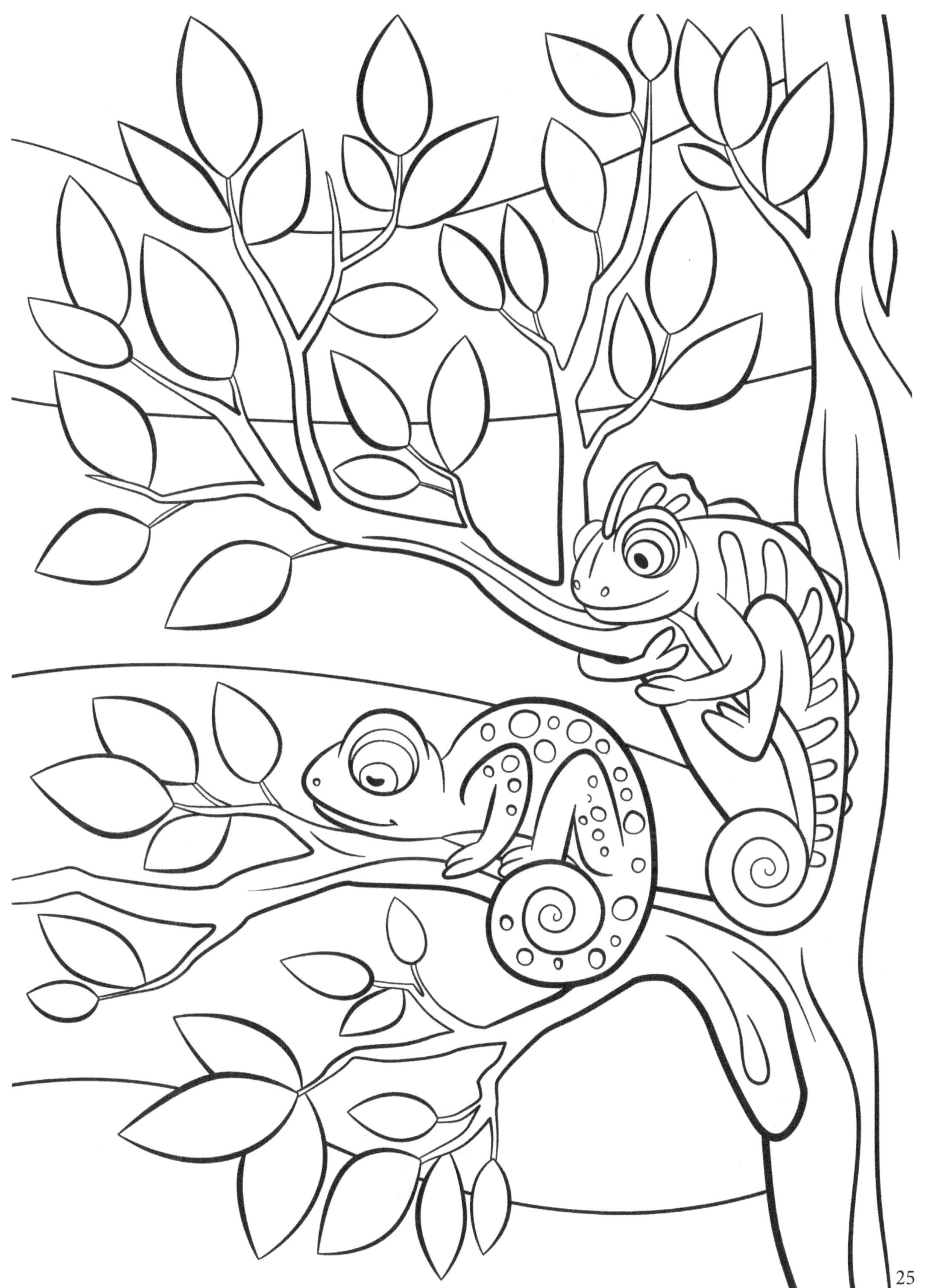

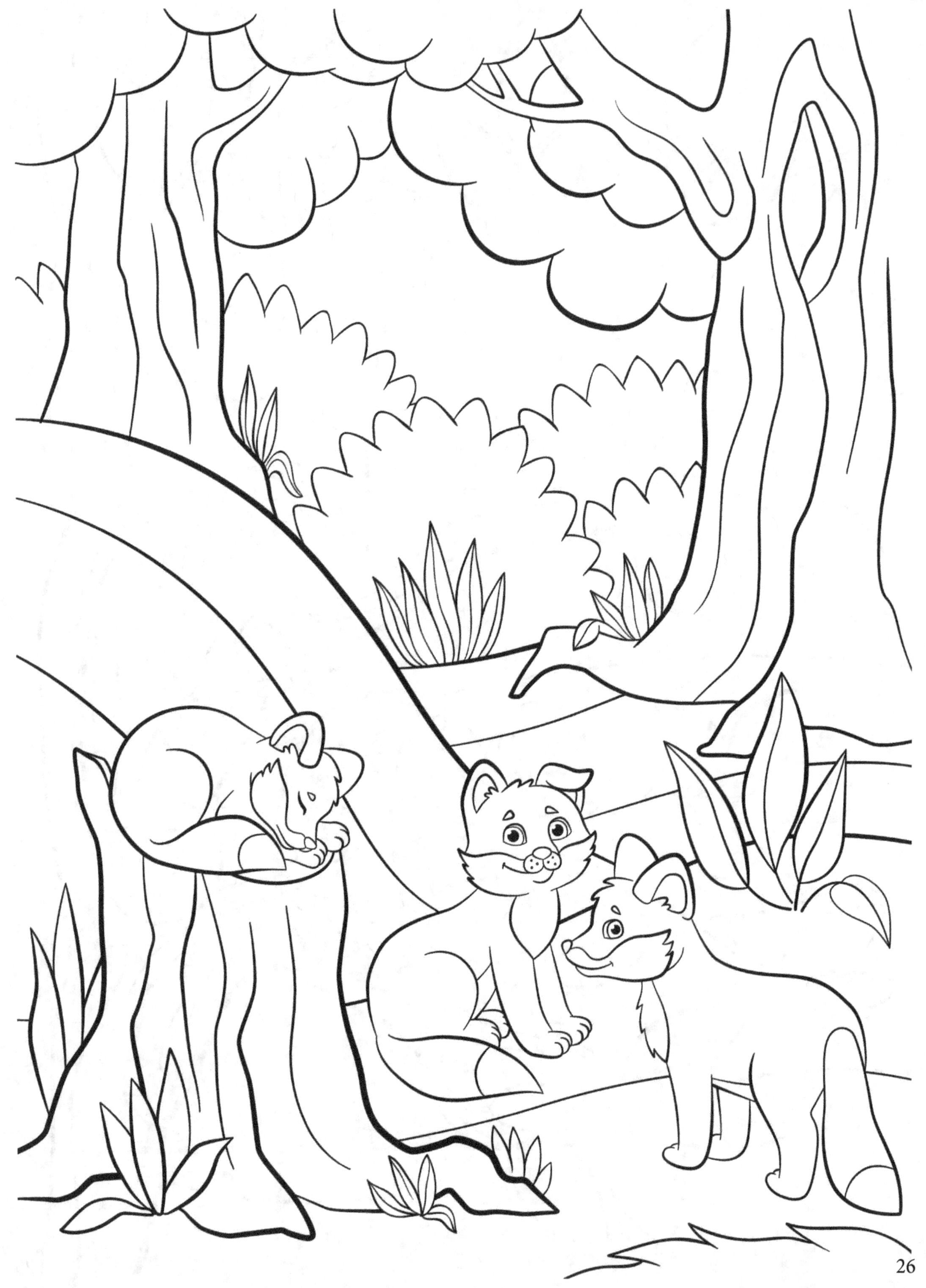

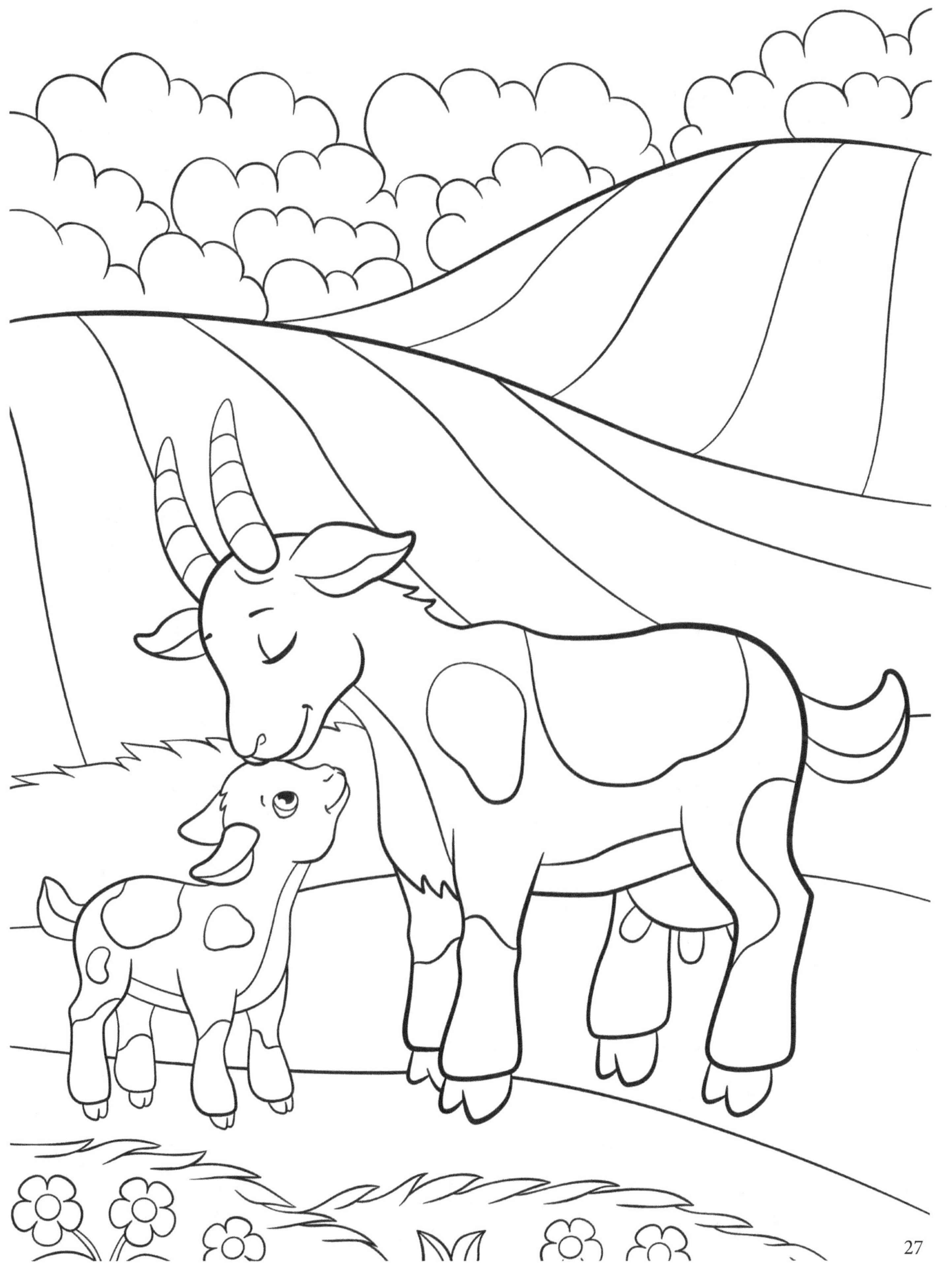

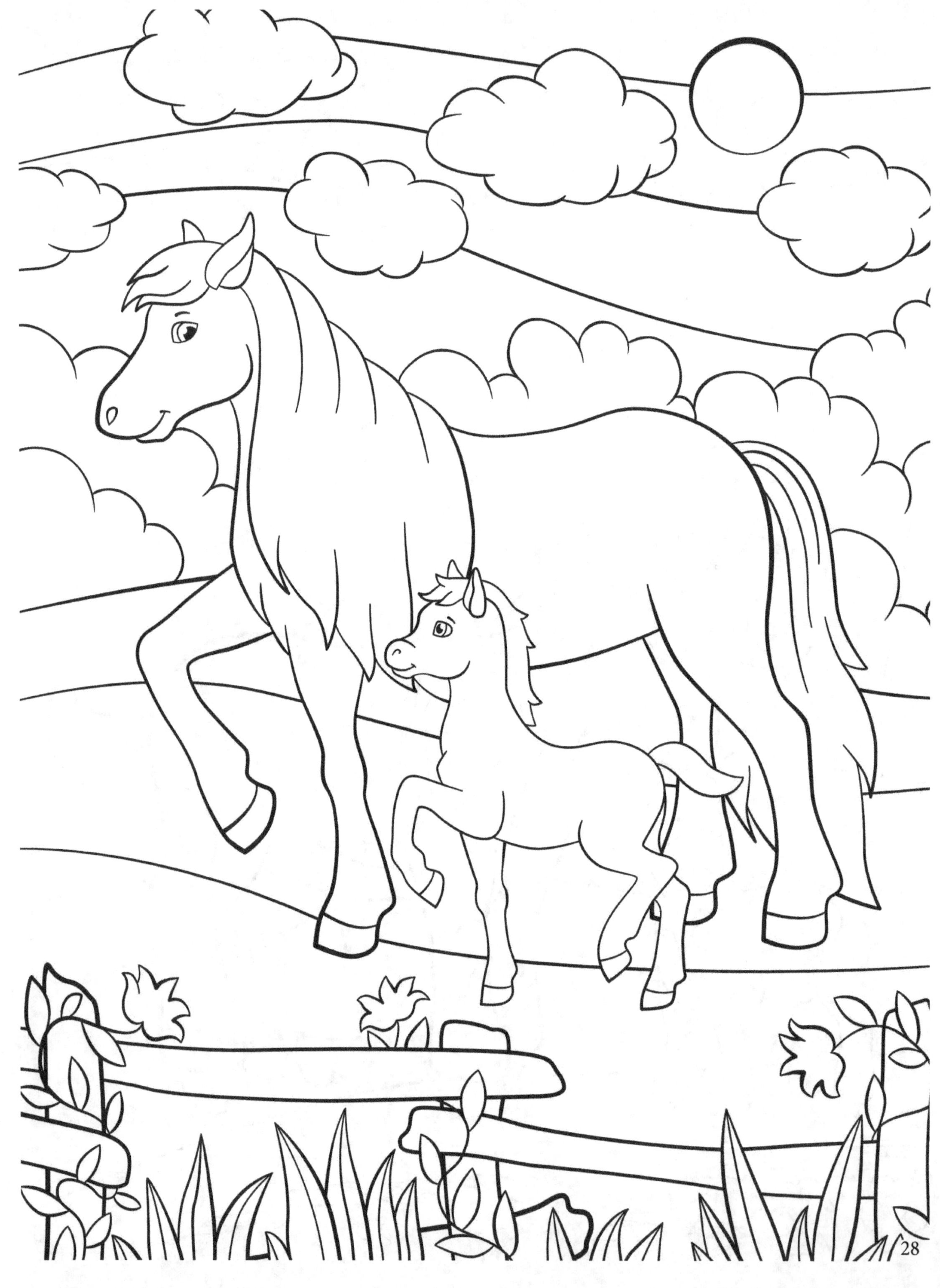

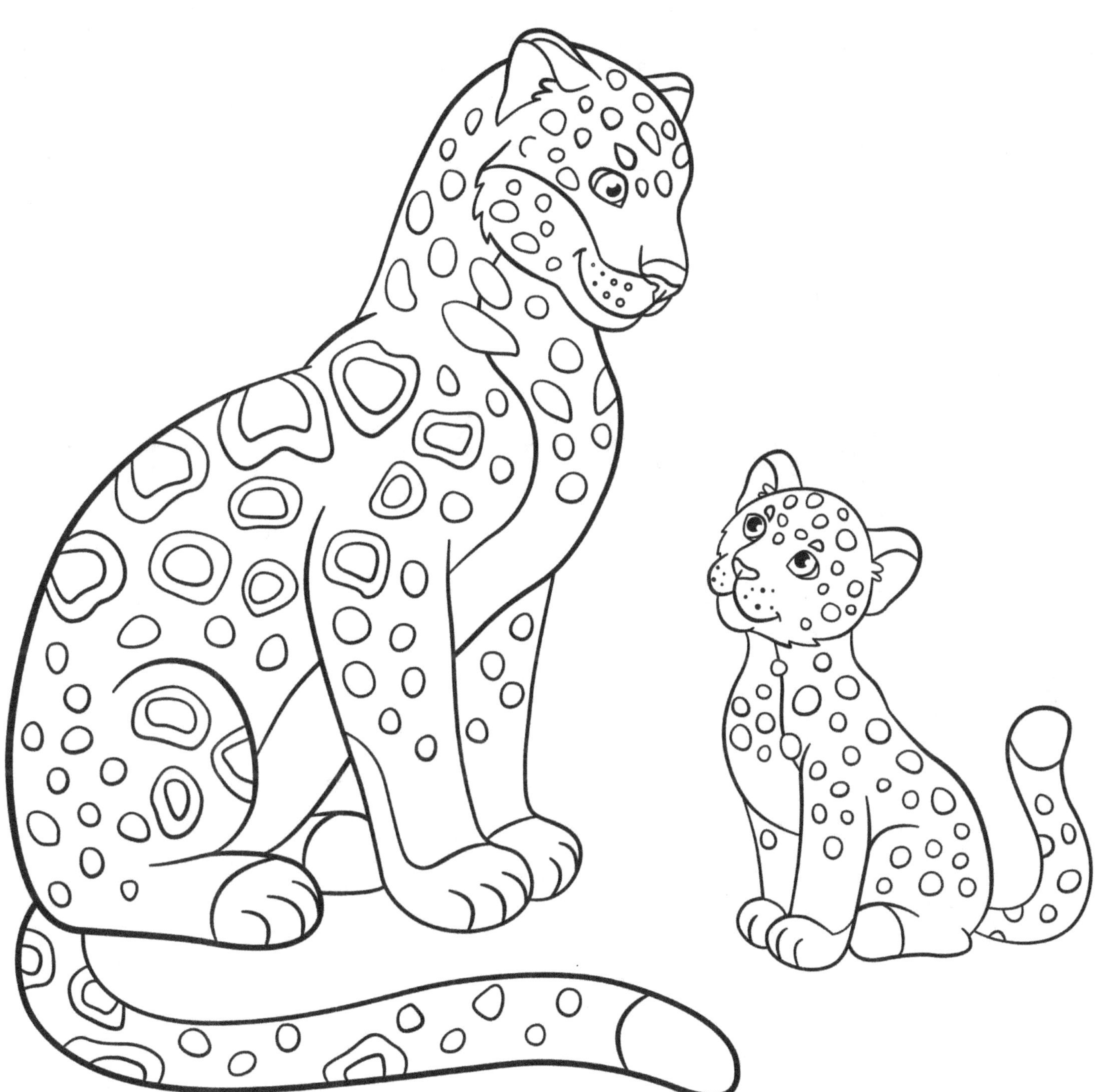

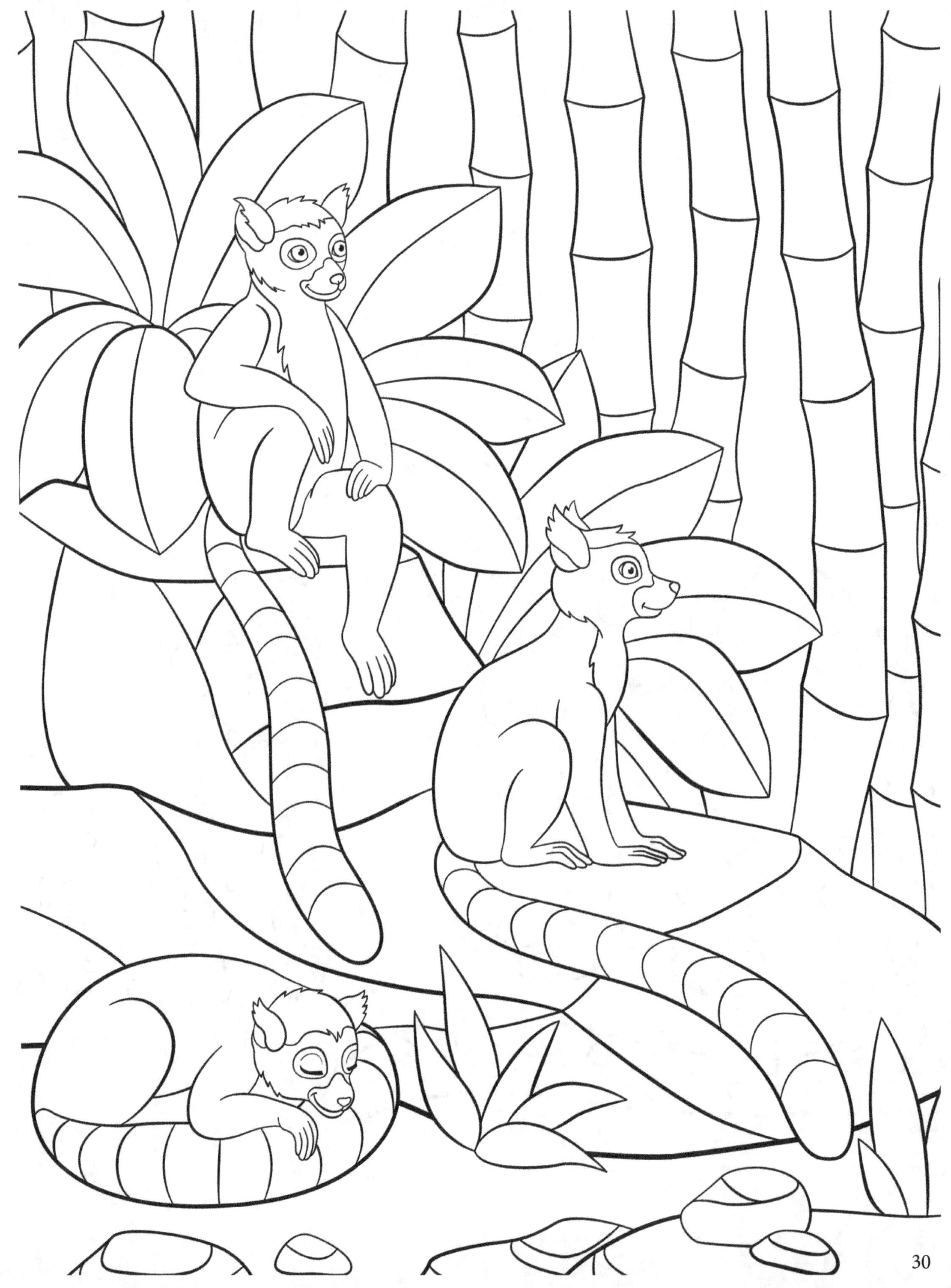

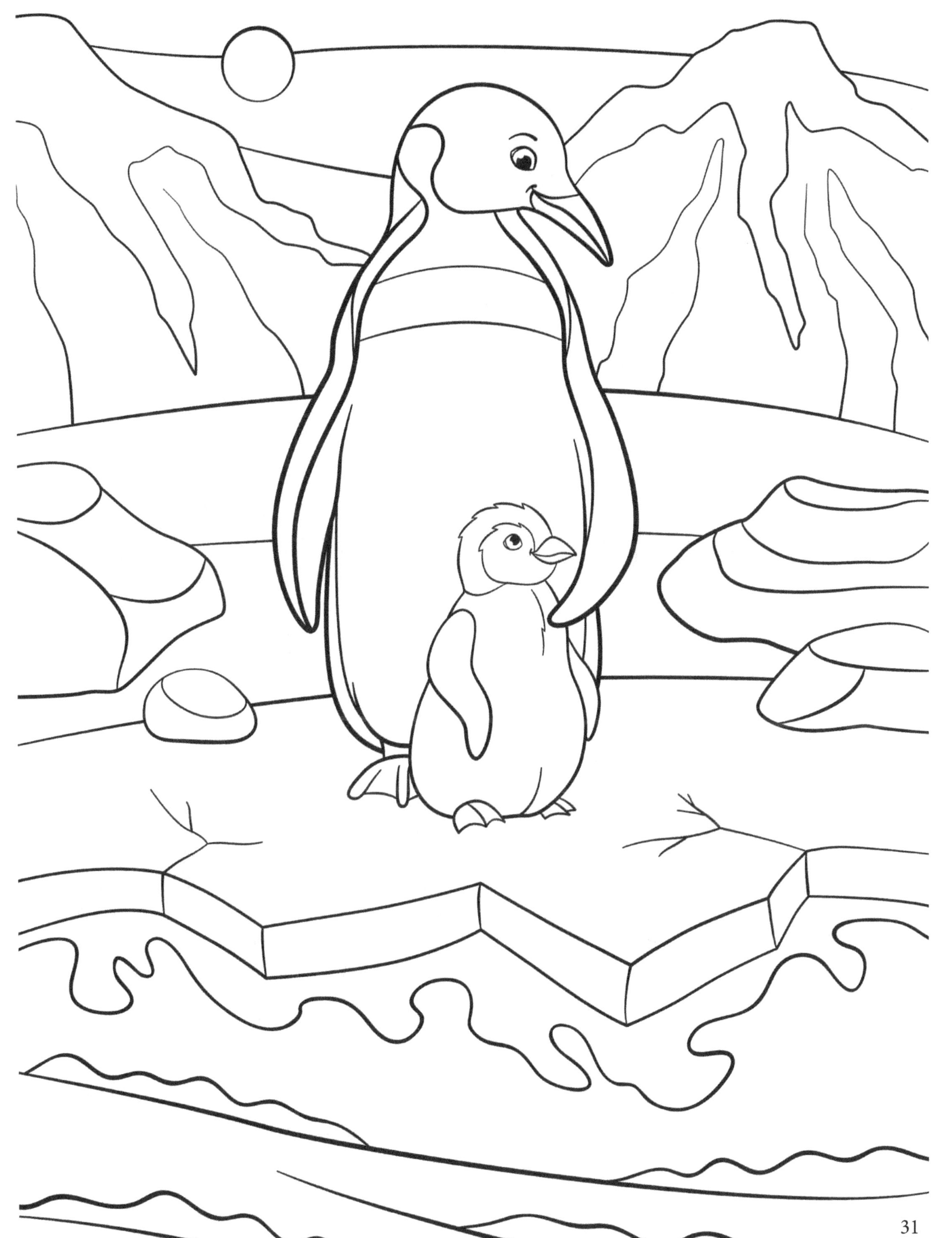

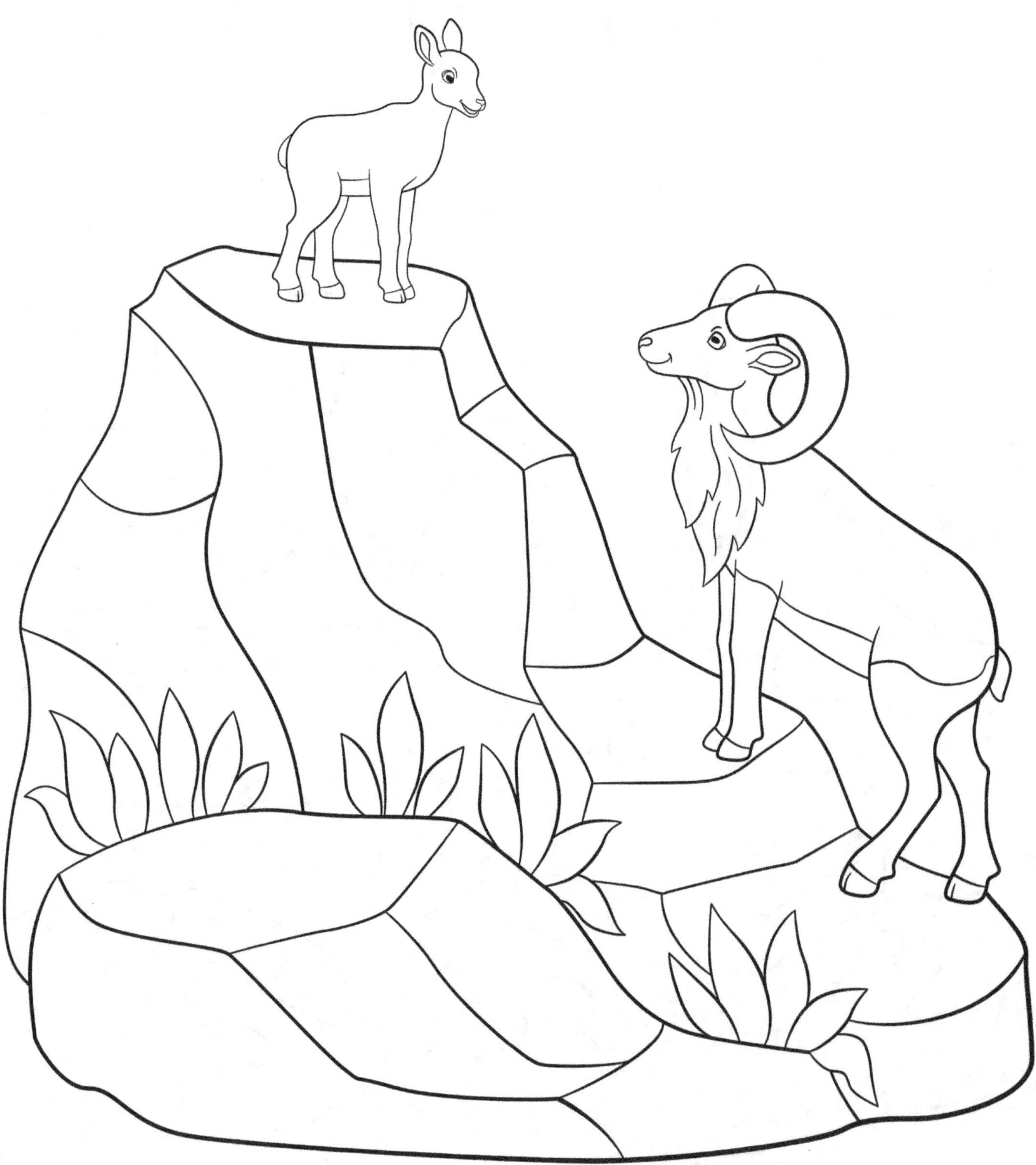

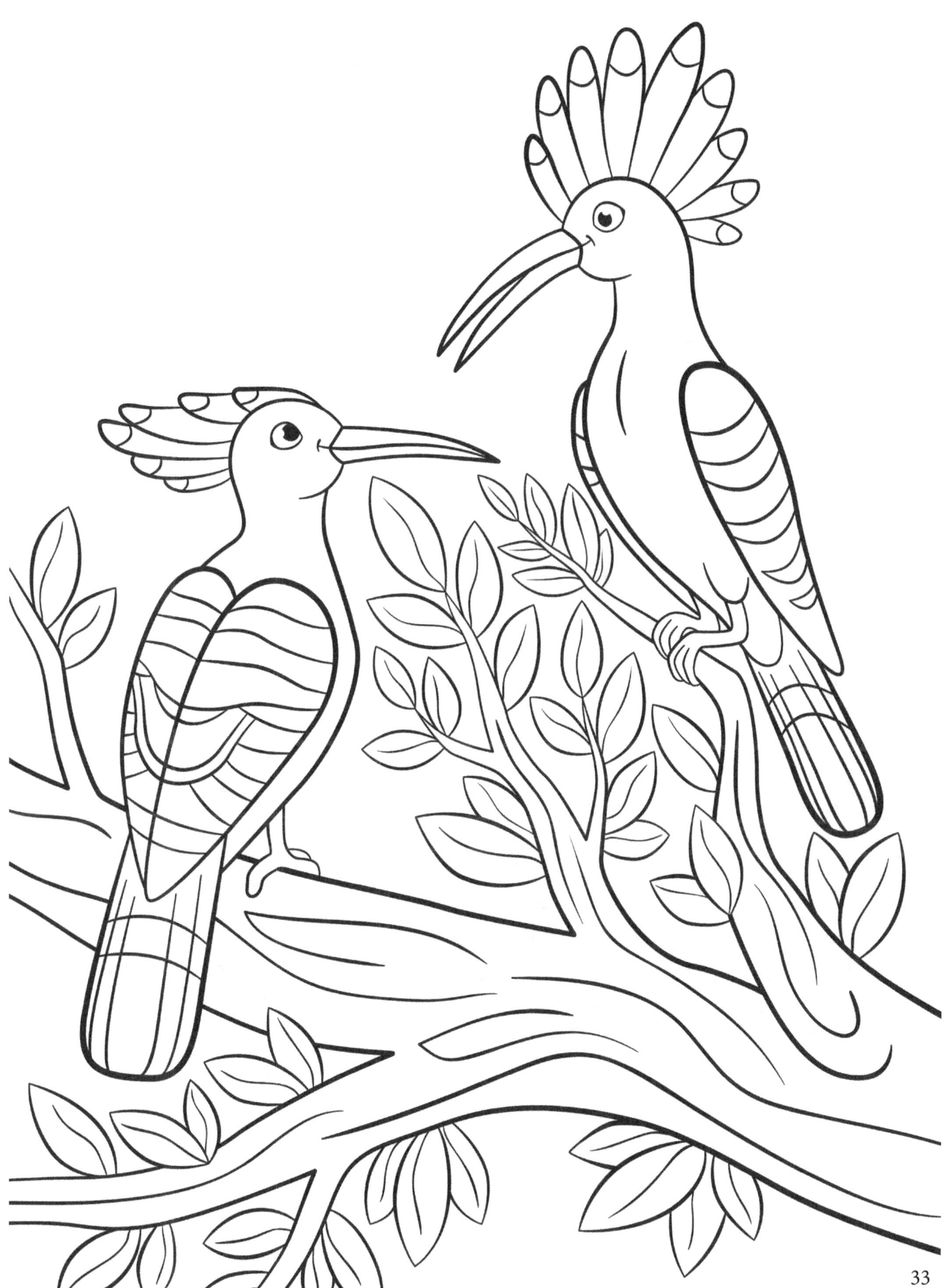

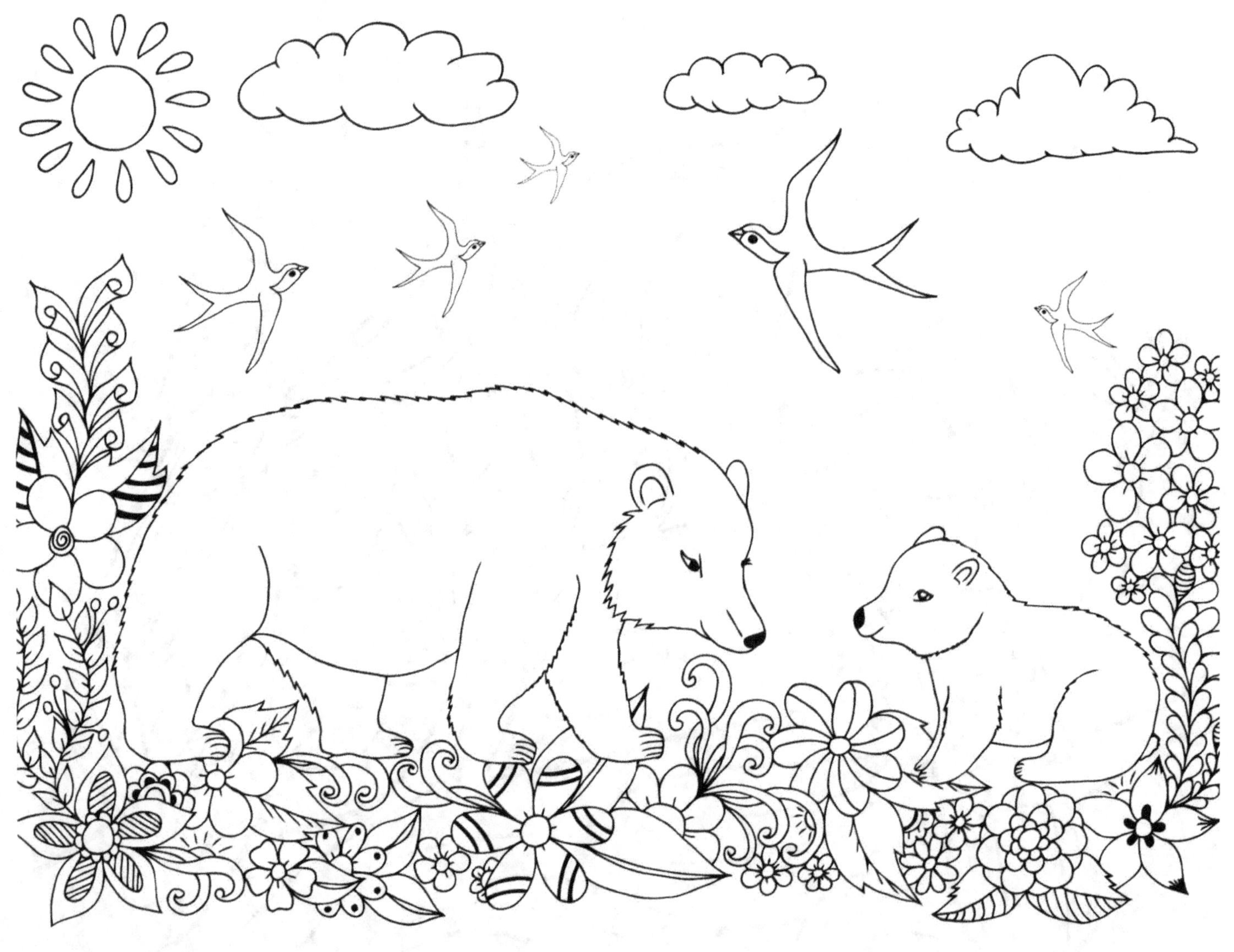